JN413020

**기대하지 않으면
인생이 쉬워진다**

기대하지 않으면
인생이 쉬워진다

발타자르 그라시안 원저

김형철 · 김범준 지음

발타자르 그라시안의 세상을 사는 400년 지혜

테라코타

나는 기대보다 준비에
더 많은 힘을 쓰기로 했다

기대의 무게를 내려놓고 삶의 주인이 되는 법

안 힘드세요? 그냥 묻고 싶습니다. 솔직히 힘듭니다. 좋은 거 많은 세상인데도 왜 힘들기만 할까요? 왜 늘 사는 게 버겁다고 느낄까요? 매일 아침 눈을 뜨는 순간부터 잠드는 순간까지, 보이지 않는 무언가가 어깨를 짓누르는 듯한 피로감의 정체는 과연 무엇일까요?

복잡하게 생각하기 싫습니다. 도대체 뭘까요? 어쩌면 그 답은 마음속 가장 깊은 곳에 자리한 '기대'라는 두 글자 때문일지 모릅니다. 고백하자면 주변 사람들에게서 따뜻한 인정과 깊은 이해를 기대하고, 쏟아부은 노력에 대해 세상이 정당하고 달콤한 보상을 해 주기를 늘 기대하면서 살아왔습니다.

하지만 현실은 달랐습니다. 세상은 저희의 기대를 번번이 배신했습니다. 저희가 베푼 선의는 오해받기 일쑤고, 밤새워 쏟아 낸 노력은 아무도 알아주지 않는 공허한 외침이 되기도 했죠. 믿었던 관계는 사소한 오해 앞에서 모래성처럼 무너지고, 어제의 성공에 도취해 있던 저희는 오늘의 실패 앞에서 속절없이 작아졌습니다.

'잘 될 거야!', '이만큼 했으니 인정받을 거야'라는 막연한 희망은 실망으로, 실망은 이내 상처로 변해 삶을 더욱 무겁게 짓눌렀습니다. 저희는 기대했기에 실망하고, 희망했기에 좌절했으며, 그렇게 스스로 만든 감옥에 갇혀 살아왔습니다.

이 지점에서 중요한 차이를 깨달았습니다. 막연히 기대하는 것과 내공을 쌓으며 원하는 일을 준비하는 것은 전혀 다르다는 사실입니다.

바라는 것은 그냥 떡이 하늘에서 떨어지기를 기다리는 것과 같습니다. 결과만을 바라보는 태도죠. 반면 원한다는 것은 자신이 원하는 것을 위해 내공을 쌓고 준비와 노력을 기울이는 것입니다. 복권이 당첨되기를 바라는 것이 안 되는 이유는 돈이 필요 없어서가 아니라, 단순히 바라기만 해서는 아무것도 쌓이지 않기 때문입니다. 설령 당첨된다 해도 내 안에 남는 것은 없으니까요.

이 깨달음은 큰 전환점이 되었습니다. 희망을 버리라는 것이 아닙니다. 오히려 막연한 기대는 줄이고, 그 빈자리를 내공으로 채우며 희망을 잃지 않는 것이야말로 우리가 단단해지는 길이라는 것입니다.

그 무렵 저희는 한 권의 책을 통해 17세기 현자, 발타자르 그라시안Baltasar Gracián을 만났습니다.

냉소와 통찰 사이, 400년 전 현자가 전하는 관계와 성공의 기술

우리를 불행하게 만드는 것은 '사건 그 자체'가 아닙니다. '사건에 대한 우리의 기대'가 문제였습니다. '기대했기에' 삶이 힘들어졌던 것입니다.

실제로 기대가 사람을 무너뜨리는 사례는 역사 속에서도 반복됩니다.

월남전 때 포로로 잡힌 미군들은 크리스마스 다음 날 많이 자살했습니다. 혹시라도 그날 사면될까 기대했는데, 막상 그렇지 않자 절망에 빠져 스스로 생을 마감한 것입니다. 미국의 많은 독거노인들이 추수감사절 다음 날 자살하는 이유도 비슷합니다. 자식들이 이번에는 찾아오지 않을까 기다렸지만 또 오지 않으니 절망 속에서 무너지는 것이죠. 기대가 사람을 잡는 것입니다.

반면 아우슈비츠에서 살아남은 사람들은 달랐습니다. 그들은 막연히 바란 것이 아니라, "살아서 나가면 무엇을 할까?"를 끊임없이 구체적으로 상상하고 실행 계획을 세우며 시간을 보냈습니다. 또 식당에 갈 때마다 깨진 유리 조각을 챙겨 면도하는 등 작은 실천으로 끝까지 자신을 지켜 냈습니다. 바로 빅터 프랭클이 그런 사람이었습니다. 그 차이가 생사를 가른 것입니다.

저희는 이 책, 《기대하지 않으면 인생이 쉬워진다》를 통해 '기대하지 않음의 아름다움'에 대해 말하고 싶었습니다. 그라시안의 지혜를 통해서 말입니다.

구글 학술 검색 사이트의 첫 화면에는 아이작 뉴턴의 명언이 선명합니다. "거인의 어깨에 올라서서 더 넓은 세상을 바라보라!" 마찬가지입니다. 그라시안이라는 거인의 어깨에 올라서서 상처받은 기대를 치유하고 싶었습니다. 안 된다고 세상을 냉소적으로 보기보다는 새로운 길을 찾는 통찰을 찾고자 했습니다.

사실 그는 400년도 훨씬 전의 인물입니다. 하지만 그의 지혜는 오늘도 선명하게 유효합니다. 그는 스페인에서 신학자로 활동 중 《사람을 얻는 지혜》라는 책을 씁니다. 이 책을 통해 세상의 많은 함정과 악한 행동을 미리 알아야 피할 수 있다고 경고합니다. 세속의 성공에 휘둘리다 자신의 개성을 잃지 않기를 권고합니다.

저희는 발타자르 그라시안의 압축된 지혜를 토대로 '기대라는 짐을 줄이고도 단단하게 서 있을 방법'을 설명하고자 했습니다. 기대를 비우라는 말이 곧 체념을 뜻하진 않습니다. 방향을 재설정하자는 겁니다. 타인의 인정이나 결과라는 불안정한 외부 목표에 기대는 대신 내면의 성장을 위한 토대를 쌓자는 것입니다.

그라시안은 말합니다. 기대를 줄이면 마음이 가벼워지고, 관계가 명료해지며, 기회의 순간에도 더 유연하게 대처할 수 있다고. 그의 지혜는 뜬구름 잡는 이상론이 아니라, 인간관계와 사회생활이라는 전쟁터에서 자신을 지키고 승리하기 위한 구체적인 전술과 맞닿아 있습니다. 그래서 쉽고 또 실용적입니다.

지금 가는 길이 힘들고 어렵다면, 인생을 '조금이나마 덜 무겁게' 살기 위해서라도 그라시안의 지혜에 우리의 일상을 의지하면 어떨까, 합니다. 여기서 잠깐, 미리 그라시안의 지혜 일부를 접해 볼까요?

기대를 버리는 용기, 무너지지 않는 나를 만드는 기술

인간관계에서 기대는 양날의 검입니다. 기대가 충족될 때 관계는 깊어지지만, 무너질 때 상처는 기대의 크기만큼 커집니다. 그라시안은 관계 속에서 '전략적 신비주의'를 유지하라고 조언합니다. 모두를 드러내는 대신 필요한 만큼만 보여 주어, 타인의 관심과 존중을 유지하라는 겁니다. 현명한 충고죠.

또 하나 중요한 그라시안의 지혜가 있습니다. '고마운 사람보다 필요한 사람'이 되는 법입니다. 무조건 상대에게 매달리는 존재가 아니라, 대체 불가능한 독립적 가치를 가진 사람이 되라고 합니다. 그라시안의 말을 들어 볼까요.

"모든 사람에게 필요한 사람이 될 필요는 없지만, 아무에게도 필요 없는 사람은 비참하다."

그는 특히 평판을 중시합니다. 우리의 말과 행동, 그리고 보여 주는 모습 하나하나가 평판이라는 '보이지 않는 자산'을 형성한다는 것이죠. 명성을 유지하고 싶다면, 단기적 주목보다는 본질과 실력을 강화하는 데 집중해야 합니다. 그라시안은 이를 위해 "능력을 다 드러내지 말고, 다음을 기대하게 하라!"라고 조언합니다.

이처럼 그라시안은 우리에게 "괜찮다"라는 식의 다정한 위로나 "긍정적으로 생각하라"라는 막연한 희망을 건네지 않습니다. 대신 인간 본성과 세상살이의 속성을 날카롭게 꿰뚫어 보고, 그 복잡하고 때로는 비정한 법칙들 속에서 어떻게 나를 온전히 지켜 내며 원하는 바를 현명하게 성취할 수 있는지 알려 줍니다.

단단하고 유연하게 사는 것, 그라시안이 전하는 마음의 기술

"기대하지 말라!"라는 그라시안의 지혜는 완벽주의를 경계함에서 나타납니다. "소의 젖도 너무 짜면 피가 난다"라는 그의 말처럼 아무리 좋아도 지나치면 해가 되는 겁니다. 완벽함을 향한 집착은 삶을 피곤하게 만들고 관계를 경직시키며, 나 자신을 끊임없는 불만의 늪에 빠뜨립니다.

물론 세상은 우리를 그대로 놔두질 않습니다. SNS 피드 속에는 타인의 화려한 성공과 행복만이 가득하고, 서점가에는 끊임없는 자기계발과 성장을 채찍질하는 목소리만 넘쳐납니다. 이러한 세상 속에서 우리는 남들만큼, 아니 남들보다 더 나은 삶을 살아야 한다는 압박감에 시달립니다.

'나도 저들처럼 되어야 하는데…'라는 기대는 곧 조바심이 되고, 그 조바심은 현재의 나를 불만족스럽고 부족한 존재로 여기게 만듭니다. 이러한 외부의 기대를 내면화하는 순간, 우리는 자기 자신에게 가장 가혹한 심판관이 됩니다.

작은 실수 하나에도 '나는 왜 이것밖에 안 될까'라며 자책하고, 잠시의 휴식조차 '뒤처지는 것 아닐까' 하는 불안감에 온전히 즐기지 못합니다. 타인의 시선이라는 감옥을 넘어, 이제는 자기 스스로 만든 기대라는 더 높은 감옥에 갇히게 되는 것입니다. 그라시안은 바로 이 지점에서 우리가 겪는 문제의 본질을 짚어 냅니다.

기대를 내려놓는다는 게 아무것도 하지 않는 것을 의미하는 건 물론 아닙니다. 행운 또한 준비된 사람만이 잡을 수 있습니다. 우연처럼 보이는 기회도, 결국은 오래 준비해 온 사람의 손에 들어갑니다. "행운의 문 앞에서 기다리지 말고, 스스로 열고 들어가라!"라는 그라시안의 말처럼 하루를 훈

련과 성찰로 채워야 합니다.

그렇다고 모든 상황에 개입하라는 뜻은 아닙니다. 어떤 때는 '내버려두는 것'이 더 현명합니다. 흐려진 샘물을 억지로 휘저으면 더 탁해지듯, 상황이 가라앉을 시간을 줘야 할 때가 있습니다. 물러남과 개입, 절제와 도전 사이에서 균형을 잡는 힘이 바로 지혜이며, 그 힘이 인생을 덜 무겁게 만드는 핵심 역량입니다.

기대를 비운 자리에는 더 단단한 나를

《기대하지 않으면 인생이 쉬워진다》라는 이 책의 제목은 단순히 '아무것도 바라지 마라'라는 체념의 문장이 아닙니다. 그것은 기대의 무게를 덜어 내고, 그 자리에 선택과 준비, 성찰과 성장을 채우라는 제안입니다. 기대를 비우면 실망도 줄어듭니다. 비워진 마음에는 유연함이 들어오고, 여유로운 선택이 가능해집니다.

그라시안이 400년 전 남긴 압축된 지혜는, 지금도 여전히 삶의 모든 영역에 적용할 수 있습니다. 이 책에 담긴 전략과 통찰은 나를 지키고 관계를 건강하게 하며, 변화하는 세상 속에서도 무너지지 않는 법을 가르쳐 줍니다. 기대 대신에 오늘의 나를, 불확실한 미래 대신 지금의 선택을, 타인의 인정 대신 내 안의 성장을 바라볼 수 있게 됩니다.

　지금, 수많은 기대에 부응하느라 영혼이 소진되고 삶이 버겁게 느껴지십니까? 이 책을 통해 기대를 내려놓는 용기와 세상을 현명하게 살아가는 기술을 동시에 얻어 가시길 바랍니다. 마음의 짐을 덜고, 조금은 더 가볍고 단단한 삶을 선택하면서 결국 여러분 스스로 이렇게 말할 수 있게 된다면 좋겠습니다.

　"나는 이제, 기대보다 준비에 더 많은 힘을 쓰기로 했다."

차례

PART 1

필요한 만큼만 드러내는 지혜

PART 2

적을 만들지 않는 사람의 관계 기술

PART 3

기대의 무게를 덜고 유연함으로 채우는 태도

PART 4

의미 있는 인생을 만드는 궁극의 통찰

PART 1

필요한 만큼만
드러내는 지혜

01

신중한 침묵이 나를 돋보이게 한다

당신의 모든 패를 테이블에 올려놓고 카드 게임을 할 것인가? 쓸데없고 또 무의미한 일이다. 당신이 중요한 직책을 맡게 되었을 때, 당신이 세상의 관심을 받게 되었을 때, 그때 오히려 스스로 자신을 드러내지 않을 수만 있다면, 세상은 더더욱 당신을 향해 기대감을 품게 될 것이다. … 신중한 침묵은 세상의 지혜 중 가장 성스러운 것이다. 선언된 결심은 결코 높이 평가받지 못한다. 그것은 단지 비판의 여지만 남긴다. 게다가 실패하면 두 배로 힘들어진다. 사람들이 당신에 대해 궁금해하고 또 지켜보게 만들 때, 당신은 신神이 세상을 움직이는 방식을 행하는 것이다.

말 그대로 노출의 시대입니다. SNS에 밥 먹는 거, 술 마시는 거, 하다못해 당구 치는 것도 올립니다. 남이 나를 바라볼 때까지 말입니다. 노자는 이런 모습을 보고 충고합니다.

"아는 자는 말하지 않고, 말하는 자는 알지 못한다知者不言, 言者不知."

행동과 결정에 신비로움을 더하면 주변 사람들의 호기심과 존경심을 자연스럽게 불러일으킬 수 있다는 것을 깨닫기 쉽지 않습니다. 모든 걸 즉시 드러내지 않음으로써 오히려 스스로 자신을 깊이 성찰하고 더 나은 결정을 내릴 시간을 가질 수도 있었는데 말입니다.

공자는 《논어》에서 "군자는 말은 어눌하게 하고, 행동은 민첩하게 하고자 한다"라고 말했습니다. 말해도 후회하고 안 해도 후회한다면? 하지 않는 것이 옳습니다. 말은 주워 담을 수가 없기 때문이죠.

요즘 같은 SNS 세상에서 어떤 가수는 매체에 계속 나오고, 어떤 가수는 1년에 딱 한 번 콘서트만 합니다. 누가 '위너winner'일까요?

그러나 무작정 침묵한다고, 드러내지 않는다고 무조건 '위너'가 되는 것은 아닙니다. 잘못하면 소통 불능자가 됩니다. 이러한 '전략적 침묵'에 관해 세상은 할 말이 없거나 실력이 없다는 뜻으로 이해하는 경우가 많습니다. 신비로움을 연출한다면서 입 다물고 있겠다고요? 정작 결정적 순간에 당신의 목소리를 내지 못하게 됩니다.

전략적 신비주의란 적절한 타이밍에 적절한 정보를 공개하는 기술입니다. 모든 것을 숨기는 것이 아니라, 언제 무엇을 보여 줄지를 신중히 선택하고, 불필요한 말은 줄이되, 해야 할 말은 정확한 때와 방식으로 전하는 지혜가 필요합니다.

02
결점을 숨기려 애쓰는 순간
진짜 약점이 된다

물은 흐르는 지층의 좋고 나쁜 특성에 따라 달라지고, 인
간은 태어난 환경에 따라 영향을 받는다. … 그런데도 어
쩔 수 없이 갖게 된 자신의 결점을 그냥 두지 않고 고치거
나 심지어 숨기는 것은 영리함의 승리다.

　잘난 척하지 않는 것보다 더 중요한 게 있습니다. 자기의
결점을 숨기는 일입니다. 영리한 사람은 잘남을 강조하기보
다 못남을 숨깁니다. 개인적으로 감추고자 하는 결점이 있나
요? 있다면 숨겨야 합니다. 숨길 수 없으면 고쳐야 하고요.
　무작정 자기의 결점을 부정하자는 게 아닙니다. 오히려
그것을 창의적으로 변형하거나, 때로는 숨긴 채 새로운 자

아를 창조하자는 겁니다. 영국의 극작가 윌리엄 셰익스피어는 말했습니다.

"세상은 무대요, 모든 남녀는 단지 배우일 뿐"이라고요. 우리는 자신의 결점을 연기하듯 교묘히 다루는 배우가 되어야 합니다. 정치인들은 대중을 의식하여 좋은 이미지를 만들어 내고자 연기를 합니다. 간혹 자신의 치명적 약점이 정적政敵에 의해서 폭로되도록 방치하는 어리석은 정치인도 볼 수 있습니다.

감출 수 있는 것은 확실하게 감추십시오. 그러나 감추지 못할 것이라면? 그때는 오히려 상대방이 폭로하기 전에 스스로 드러내는 것도 좋습니다. 진짜 강한 사람은 결점을 당당히 드러낼 줄 압니다. "저 이런 사람이에요, 어쩌실래요?" 하며 살아갑니다. 오히려 결점을 숨기려 애쓰는 순간 그것은 진짜 약점이 됩니다. 남들이 그 가면 뒤의 진실을 알아챌 때의 추락은 더욱 처참합니다.

유튜브에는 각종 중독에서 벗어나 회복한 이들이 인플루언서가 되어 오히려 자신의 단점을 콘텐츠의 도구로 사용하기까지 합니다. 자신의 약점을 철저히 인식하고, 그것을 감추거나 변형시켜 독특한 강점으로 만든 사람들이죠. 하지만 일단은 나의 결점, 활용하기 힘들다면? 숨기세요!

03
오늘 많이 보여 주면
내일 보여 줄 것이 없다

모든 사람 앞에서 당신의 능력을 보여 줄 필요가 없다. 필요 이상의 힘을 쓰지 마라. 지식이나 힘의 불필요한 소비가 없도록 하라. 숙련된 매사냥꾼은 사냥에 필요한 만큼만 새를 날린다. 오늘 너무 많이 보여 주면 내일 보여 줄 것이 없다. 항상 당신을 멋지게 할 새로운 걸 지니고 있어라. '한 번에' 대신 '조금씩' 새로운 것을 보여 줘야 타인이 당신을 향해 기대를 버리지 않게 된다. 당신의 능력의 한계를 보여 주지 말라.

사회적 상호작용에서 자신을 적절히 표현하는 것은 중요

한 삶의 기술입니다. 그러나 이때 자기 능력을 항상 최대치로 드러내는 것이 반드시 현명한 선택은 아닙니다. 오히려 필요한 순간까지 자신을 숨기고 절제하는 태도가 장기적으로 더 큰 신뢰와 영향력을 만들기도 합니다. "진정한 전사는 그의 무기를 함부로 과시하지 않는다"라는 말처럼 말이죠.

자기 이미지 관리를 계속하려면 장기적인 전략이 필요합니다. 그리스의 우화 작가 이솝은 "천천히 그러나 꾸준히 가는 자가 경주에서 이긴다"라고 말했습니다. 겉으로 보이는 순간적인 활약보다, 일관되고 꾸준한 자기 표현이 결국 더 큰 성과를 이끈다는 의미입니다.

이와 같은 관점에서 자기 표현 또는 자기 PR은 현대를 살아가는 우리 모두에게 필수적인 도구입니다. 하지만 중요한 것은 '어떻게' 드러내느냐입니다. 무작정 자신을 모두 보여 주는 것이 능사는 아닙니다. 상황에 따라, 상대에 따라 조절할 줄 아는 능력이 더욱 필요합니다. 한 번에, 그것도 모든 것을 보여 주려 하지 마세요. 전략적 자기 노출은 신뢰와 기대를 동시에 키우는 방법입니다.

칼은 원래 칼집에서 다 빼내는 것이 아닙니다. 그저 큰 칼을 차고 있다는 것만으로도 충분한 메시지가 됩니다. 실제로 칼을 모두 꺼내는 순간, 당신의 전력이 모두 노출되어 상대에게 약점이 잡힐 수 있습니다. 중요한 순간이 오기 전까지는 빛을 감추고 때를 기다리는 '도광양회韜光養晦'의 태도가 필요합니다. 살짝 꺼낸 날만으로도 충분히 자신의 존재감을 드러낼 수 있습니다.

　이솝의 우화 속 이야기처럼, 우리는 '거북이'의 꾸준함을 칭송하며 살아왔습니다. 하지만 현실에서 거북이는 결코 토끼를 이기지 못합니다. 토끼는 자신의 속도를 감추고 있을 뿐일지도 모릅니다. 어릴 적 우리가 믿었던 동화를 이제 다른 시선으로 다시 읽어야 합니다. 진정한 경쟁자는 속도보다도 절제된 전략을 지닌 것일 수 있습니다. 때론 감추는 것이, 드러내는 것보다 강한 무기가 됩니다.

04
완벽은 게으름의 핑계다

어리석은 사람은 서두르다 실패한다. 무엇이 중요한지
알지 못한 채 준비 없이 일을 시작했기 때문이다. 하지만
현명하다는 사람도 종종 일을 미루다가 실패한다. 지나
친 고민이 판단을 행동에 이르지 못하게 했기 때문이다.
… 민첩함은 행운의 어머니다. 내일로 미루는 것이 없는
자는 많은 것을 이루었다. 왕의 좌우명은 "천천히 서두르
라"였다.

지나친 서두름은 실수의 원인이 됩니다. 중국의 전쟁 전
략가 손자는 "전쟁에서 들은 적이 없는 것은 신속한 승리가
아니라 지속적인 승리百戰百勝 , 非善之善者也 ; 不戰而屈人之兵 , 善
之善者也"라고 말했습니다. 지속 가능한 전략이야 당연히 중

요하지만 그만큼 신속함의 중요성을 강조한 것입니다.

과도한 신중함은 문제가 됩니다. 때로는 불완전한 정보 속에서도 결정을 내리고 행동해야 할 때가 있는 것이 세상이니까요. 좋은 계획을 지금 실행하는 것이 완벽한 계획을 내일 실행하는 것보다 낫습니다. 사실 완벽은 게으름의 핑계인 경우가 흔합니다.

성공의 비결은 신중한 사고와 신속한 행동 사이의 적절한 균형을 찾는 것에 있습니다. 일종의 '천천히 서두름'이 바로 그것입니다. 단순한 시간 관리의 문제라기보다는 상황을 정확히 읽고, 적절한 때에 적절한 행동을 취하는 지혜입니다.

숲속에 버섯을 캐러 들어가 보면, 깊이 들어갈수록 더 좋은 군락이 나옵니다. 그런데 점점 더 깊이 들어가다 보면 어느덧 반대쪽으로 나와 버리게 됩니다. 적절하게 깊이 들어가야 진짜 좋은 버섯을 딸 수 있습니다. 빨리 일을 하는 것보다 더 중요한 것은 제대로 일하는 것입니다. 조금 느리게 하더라도 제대로 하는 것이 차라리 더 좋습니다. 느린 것이 더 빠를 수 있습니다.

하지만 '천천히 서두르라'가 왕의 좌우명이라고요? 그들은 겉으로는 신중한 척하면서 뒤에서는 이미 모든 파이를 차지하고 있었던 것은 아닐까요? 진정한 민첩함이란 겉으로는 고민하는 척하면서 이미 모든 것을 준비한 후, 결정적 순간에 남들의 허를 찌르는 것입니다.

05
때로는 아무것도 하지 않는 것이 최선이다

공적이든 사적이든 삶의 파도가 거칠수록 더욱 그렇다. 삶에 폭풍이 다가올 땐 일단 항구로 퇴각하여 정박한 배와 같이 아무것도 하지 않는 게 현명하다. … 사람들의 흥분을 잠재우는 가장 좋은 방법은 그들을 향한 어떠한 처방을 내리지 않은 채 그들 스스로 진정되도록 내버려 두는 것이다. 현재의 한 발 후퇴가 미래의 승리를 가져온다. 샘물은 조금만 휘저어도 탁해지는데 이때 손대지 않아야 한다. 그냥 내버려 두면 맑아진다. 혼란에 대한 최선의 대응은 그저 내버려 두는 것이다. 그래야 잠잠해진다.

때로는 개입하지 않고 상황을 지켜보는 것이 최선의 전략일 수 있습니다. 이를 '내버려 둠의 힘'이라고 부르기도 합니다. 강을 건널 때는 돌을 더듬으며 건너야 하듯, 급진적인 변화보다는 점진적인 개혁을 선호해야 할 때가 있습니다. 상황을 억지로 바꾸려 하기보다는, 흐름을 지켜보며 자연스럽게 해결되도록 기다릴 수 있어야 합니다. 불필요한 개입을 줄이고, 상황의 본질을 이해한 뒤 필요한 순간에만 조심스럽게 손을 뻗는 태도야말로 진정한 전략일 수 있습니다.

예를 들어 보겠습니다. 수영을 전혀 하지 못하는 사람이 강물에 빠졌다고 상상해 보십시오. 이때 대부분 사람은 본능적으로 허우적거리거나, 소리를 지르며 도움을 청하려 할 것입니다. 그러나 이 두 가지 방법은 오히려 가장 빨리 익사하는 길입니다. 생존의 최선책은 의외로 '힘을 빼고 가라앉는 것'입니다. 바닥이 얼마나 깊은지 파악하고, 숨을 아끼며 떠오르기를 반복하는 것이 결국 시간을 벌고 살아남는 길이 됩니다.

이는 우리 삶에서도 적용됩니다. 어떤 상황에 무작정 개입하고 통제하려는 태도는 오히려 상황을 악화시킬 수 있습니다. 때로는 흘러가는 흐름에 몸을 맡기고, 냉정하게 상황을 판단하며 힘을 아껴야 할 때가 있습니다. 아무것도 하지 않는 것이, 실제로는 우리가 할 수 있는 가장 어려운 일이기도 합니다.

　그러나 이것이 곧 '항상 가만히 있어야 한다'라는 뜻은 아닙니다. 휘저은 샘물은 시간이 지나면 다시 맑아지지만, 썩은 샘물은 그대로 두면 점점 더 오염될 뿐입니다. 세상의 모든 진보는 누군가가 침묵을 깨고, 고요를 거부했기 때문에 이루어진 것입니다. 여성의 참정권, 인권의 신장, 과학의 발전 등 모든 변화는 행동한 사람들이 만들어 낸 결과입니다. 중요한 것은 '언제 개입하고, 언제 기다릴 것인가'를 분별하는 능력입니다. 침묵과 행동 사이에서 균형을 잡을 수 있어야 합니다. 방관을 지혜로 착각하지 말고, 불필요한 개입을 용기로 착각하지 마십시오.

06
덜 보여 줄수록 더 빛난다

아무에게도 쓸모가 없는 것은 큰 불행이다. 하지만 모두에게 쓸모 있는 것도 불행한 건 마찬가지다. … 당신의 빛나는 탁월함을 절제해야 한다. 당신의 탁월함을 더욱 비범하게 가다듬어야 함은 맞다. 그러나 그것을 드러내는 건 평범해야 한다. 횃불은 밝을수록 더 빨리 타 버린다. 자신의 탁월함을 전부 드러내지 않도록 하라. 더 많은 존경이란 선물을 반대급부로 얻을 것이다.

자기 능력을 과시하는 것은 종종 역효과를 낳습니다. 노자는 "자신을 드러내지 않는 사람이 가장 빛난다不自見故明"라고 말했습니다. 때로는 덜 보여 주는 것이 더 큰 영향력을 가질 수 있다는 것을 의미합니다.

과도한 노출은 자신의 가치를 떨어뜨릴 수 있습니다. 정말 필요한 것일수록 오히려 눈에 보이지 않듯이, 때로는 보이지 않는 것이 더 큰 가치를 지닐 수 있음을 기억해야 합니다. 일종의 '절제된 탁월함'이라고 할 수 있을까요? 단순히 능력을 숨기는 것이 아니라, 적절한 때와 방법으로 그것을 표현하는 지혜가 필요합니다.

"재능은 바다에 뜬 작은 섬과 같다. 사람들은 그 섬의 크기만 보지만, 사실 그것은 수면 아래로 깊이 뿌리내리고 있다"라는 말이 있습니다. 진정한 탁월함이란 겉으로 드러나는 것보다 더 깊고 견고합니다. 노출에 앞서 자신을 단단히 성장시켜야 합니다.

그러나 현실은 이상과 다릅니다. 아무리 깊은 뿌리를 가진 나무라 할지라도, 그 존재를 알리지 못하면 숲에서 베어질 위험에 처할 수 있습니다. 보이지 않으면 존재하지 않는 것과 다름없다는 것이 현대 사회의 냉혹한 진실입니다. 따라서 절제된 탁월함과 전략적 노출 사이의 균형점을 찾아야 합니다. 평상시에는 겸손하게 실력을 쌓되, 결정적 순간에는 과감하게 자신의 가치를 드러낼 수 있어야 합니다.

이 냉혹한 세상에서 살아남으려면 때로는 나의 횃불로 상대방의 눈을 멀게 만들 준비도 해야 합니다. 다만 그 횃불

은 허세가 아닌 진정한 실력에서 나오는 빛이어야 하며, 무
차별적으로 휘두르는 것이 아니라 꼭 필요한 순간에만 사
용하는 전략적 도구여야 합니다.

07
자신의 의견을 단정적으로 말하지 말라

칭찬이건, 비난이건 자신을 두고 이야기하지 마라. 스스로 칭찬하는 건 허영심이다. 자신을 비난하는 것은 소심함이다. 이야기를 하는 사람 자신에게도 그렇지만 듣는 사람도 불쾌하게 한다. 일상적인 대화에서조차 이런 말들을 피해야 하는데, 공적인 시간과 장소에서 말하는 순간이라면 얼마나 더 조심해야 하겠는가.

자신을 내세우지 않는 것은 고대부터 현대에 이르기까지 중요한 소통의 지혜로 여겨져 왔습니다. 나를 자랑하면 질투를 사고, 자신을 낮추면 경멸을 사기 쉽습니다. 결국, 말은 허상입니다. 말보다 중요한 것은 행동입니다.

목소리를 높이겠다고요? 목소리를 높이기 전에 스스로

행동을 돌보는 게 먼저입니다. 행동이 말보다 더 강력한 메시지를 전달할 수 있으니까요. 자신의 가치를 드러내려 애쓰기보다는, 묵묵히 행동하고 결과로 말하는 태도가 더 강력한 설득력이 있습니다. 프랑스의 철학자 미셸 드 몽테뉴도 "나는 오직 나 자신을 연구하고 고찰할 수 있을 뿐이며, 설령 내가 다른 것을 연구한다고 해도 그것은 단지 나에게 적용시키기 위한 것이다"라고 했습니다. 자기 생각을 단정적으로 표현하기보다, 탐구하고 반성하는 태도를 견지하는 것이 현명한 삶의 자세일지 모릅니다.

하지만 여기엔 또 다른 진실이 있습니다. 세상은 말하지 않으면 알아주지 않습니다. 특히 조직이나 사회 속에서 자신의 존재나 성과를 전혀 드러내지 않으면, 오히려 무시당하거나 기회를 잃게 되기도 합니다. 묵묵히 일만 하다가 승진 기회를 놓치는 이들이 대표적인 예입니다.

따라서 중요한 것은 '어떻게 말할 것인가'입니다. 자기 자랑이나 간섭처럼 들리지 않도록, 정중하고 절제된 방식으로 자기 생각과 성과를 전달할 줄 알아야 합니다.

말과 행동은 대립하는 것이 아니라, 상황에 따라 균형 있게 조율해야 할 도구입니다. 행동으로 보여 주되, 필요한 순간엔 명확하게 말하는 것이 진짜 지혜입니다.

08
당신의 노력은 최대한 숨겨라

어떤 일에 더 노력을 기울였을수록 그 노력을 더 많이 숨겨라. 노력한 것이 아닌 당신의 기본적 능력으로 자연스럽게 이룬 것처럼 보이게 하라. 다만 가식을 피한다고 가식 없음을 가장하다가 가식에 빠지진 마라. 현명한 사람은 마치 자신의 잘난 점을 모르고 있는 것처럼 행동한다. 그들은 자신이 잘난 척하지 않을 때만 세상의 관심을 끌 수 있다는 것을 알기 때문이다.

미국의 위대한 발명가 토머스 에디슨은 수많은 발명을 이루었음에도 항상 겸손한 태도를 유지했다고 합니다. 그는 자신의 발명품을 두고 "나는 실패한 적이 없다. 단지 효과가 없는 만 가지 방법을 발견했을 뿐이다"라고 말했습니다. 이 말은 성공이 자연스러운 노력과 인내의 결과임을 보여 주면서도, 실패를 인정하는 그의 겸손한 태도를 잘 드러냅니다. 사실, 뛰어난 사람이 잘난 척을 하면 오히려 더 구차해 보입니다. 굳이 그러지 않아도 타인이 알아줄 텐데, 자신을 과시하려는 모습은 때로 우습게 느껴지기까지 합니다.

비즈니스 세계에서도 겸손은 매우 중요한 미덕입니다. 마이크로소프트의 공동 창업자 빌 게이츠는 "성공은 형편없는 선생님이다. 똑똑한 사람들로 하여금 절대 실패할 수 없다고 착각하게 만든다"라고 말했습니다. 성공에 도취하여 진정한 지혜가 겸손에서 비롯된다는 사실을 잊어서는 안 됩니다. 끊임없이 배우고 발전하기 위해서는 자신이 모든 것을 안다고 착각하지 않는 겸손한 자세가 필요합니다.

그러나 이러한 겸손의 미덕만이 능사는 아닙니다. 냉혹한 현실 속에서 능력을 숨기면 자칫 무능한 사람으로 취급받을 수 있습니다. 특히 치열한 경쟁 사회에서 마냥 겸손하게 있다가는 소중한 기회를 남들에게 빼앗기기 십상입니다. 링크드인이나 인스타그램과 같은 소셜 미디어 플랫폼에 접속해 보면, 자신을 효과적으로 드러내지 못하면 존재감 자체가 사라지는 시대임을 실감하게 됩니다.

진정으로 똑똑한 사람들은 단순히 겸손한 척하는 것을

넘어, 겸손함을 유지하면서도 교묘하게 자기 능력을 드러낼 줄 아는 지혜를 가지고 있습니다. 순진하게 겸손만을 미덕으로 삼다가는 평생 다른 사람들의 그림자 속에서 살게 될 수도 있습니다.

09
넘어진 곳에서 일어나 시작하라

바보는 어리석은 짓을 저지른 사람이 아니다. 그것을 숨길 줄 모르는 사람이다. 당신의 욕망조차 누군가에게 알려선 안 되는데, 결점이라면 더욱 그러하다. 사람은 누구나 잘못을 저지른다. 이때 현명한 자는 그 실수를 숨기고, 바보는 그것을 자랑한다. 평판은 행동보다는 숨겨진 것에 의해 결정된다. 완벽하게 살 수 없다면 조심스럽게 살아야 한다. … 자기 잘못은 할 수만 있다면 숨겨야 한다. 삶의 위대한 규칙을 기억하라. "당신의 잘못? 잊어라!"

　실수는 누구나 할 수 있습니다. 그러나 더 중요한 것은 그 실수를 어떻게 다루느냐입니다. 성공한 사람들은 실수를 피하려 하기보다는, 그것을 인정하고 배움의 기회로 삼는 데 집중합니다. 미국의 억만장자이자 투자자인 워런 버핏도 그중 한 사람입니다. 그는 자신의 투자 실수를 공개적으로 인정하면서, 그 과정에서 얻은 교훈을 강조하는 방식으로 오히려 신뢰를 얻었습니다. 버핏은 실수의 흔적을 숨기기보다, 그것을 성장의 자산으로 전환하는 데 탁월한 태도를 보였습니다.

진정한 실수란, 그것을 인정하지 않고 고치려 하지 않는 태도에 있는지도 모릅니다. 실수 자체보다 그것에 대한 '대응 방식'이 훨씬 더 중요합니다. "실패와 발명은 쌍둥이"라는 말처럼, 실패를 감추기보다는 학습의 자산으로 삼는 태도가 바로 성장의 핵심입니다.

이러한 태도는 고전에서도 일찍이 강조됐습니다. 공자가 말한 군자는 결코 실수하지 않는 사람이 아닙니다. 군자는 실수할 수 있지만, 그 실수를 대하는 자세가 다릅니다.

첫째, 스스로 실수를 가장 먼저 알아차리고,

둘째, 누가 지적하기 전에 스스로 고치며,

셋째, 다시는 같은 실수를 반복하지 않기 위해 노력하는 사람입니다.

완벽한 사람이 아니라, 실수를 통해 배우고 자신을 수양하는 사람이 바로 군자입니다. 숨길 수 없는 실수라면, 그 안에서 배우는 것만이 최선입니다.

　이러한 가르침은 오늘날 직장인에게도 유효합니다. 직장에서 실수를 숨기려다 더 큰 문제가 되는 사례는 흔합니다. 오히려 실수를 투명하게 공개하고, 개선하려는 태도를 보이는 것이 더 큰 신뢰를 얻을 수 있습니다. 특히 SNS와 디지털 커뮤니케이션이 실시간으로 이루어지는 지금 시대에는, 사실을 감추는 것이 오히려 더 큰 파장을 낳을 수 있습니다. 실수를 완전히 피하려 애쓰기보다는, 솔직하게 인정하고 개선의 방향을 명확히 보여 주는 것이 훨씬 더 현명한 선택입니다. 결국 신뢰는 완벽함에서 오는 것이 아니라, 실수를 대하는 '태도'에서 비롯됩니다.

10
불평보다 침묵이 낫다

절대 불평하지 말라. 불평으로 타인에게 연민의 대상이 되는 것보다 타인의 열정에 맞서는 모델이 되어라. 과거의 불유쾌함에 대해 불평해 봤자 오히려 미래에 불유쾌함을 오게 할 뿐이다. 그럴 바에야 누군가의 호의를 칭찬하여 다른 사람들이 호의를 따라 하고 싶게 만드는 게 훨씬 낫다. … 현명한 사람은 결코 자신의 실패나 결점을 세상에 알리지 않는다. 사람들과 좋은 관계를 유지하며 심지어 경쟁자라고 할지라도 그들의 적대감을 침묵하게 할 줄 안다.

불평을 자제하고 긍정적인 태도를 유지하는 것은 성공한 사람들의 공통된 특징입니다. 극도로 위험한 우주 비행 중에도 침착함을 유지한 미국의 한 우주비행사는 "두려움이란 없다. 단지 다양한 수준의 경계심이 있을 뿐이다"라고 말했습니다. 그는 절망이나 불안에 함몰되지 않고, 냉정하고 건설적인 태도로 임했던 것입니다.

비판은 쉽지만 창조는 어렵다고 합니다. 이는 곧 불평이나 비난에 에너지를 낭비하기보다는, 생산적인 행동으로 나아가야 한다는 뜻입니다. 어려움이 닥쳤을 때도 상황을 탓하기보다는, '무엇을 위해 싸울 것인가', '어떻게 극복할 것인가'에 집중하는 태도가 필요합니다. 비판은 현상 유지에 머무르게 하지만, 창조적 노력은 우리를 더 나은 미래로 이끌어 줍니다.

불평은 때로 상황을 악화시킬 뿐입니다. 그럴 바엔 차라리 침묵이 낫습니다. 하지만 이 침묵은 체념이 아니라, 다시 일어설 힘을 기르기 위한 잠시의 고요여야 합니다. 불평 대신 행동으로, 비난 대신 해결책으로 접근하는 습관이 결국 우리를 성장시킵니다.

하지만 동시에, 현실에서는 목소리를 내지 않으면 아무것도 바뀌지 않는다는 사실도 잊어서는 안 됩니다. 역사 속 수많은 변화는 '불평'에서 시작된 정당한 문제 제기로부터 비롯되었습니다. 부당한 처우에 맞서 싸운 노동자들의 파업이나, 인권을 외친 시민들의 시위는 모두 침묵하지 않았기에 가능했습니다.

"침묵이 낫다"라는 조언은 때로 권력자들에게 편리한 논리일 수도 있습니다. 그렇기에 우리는 불평과 침묵 사이에서 균형 잡힌 지혜를 가져야 합니다.

11
현명한 회피는 용기다

> 명예나 체면으로 인해 생길 문제들은 아예 처음부터 피하라. 그게 문제에 휘말렸다가 빠져나오는 일보다 낫다. … 명예나 체면으로 인한 문제를 맡지 않는 것이 문제가 생기고 나서 그것을 정복하는 것보다 더 큰 용기가 필요하다.

소위 '가오'가 사람을 잡는 경우가 많습니다. 인생에서 우리는 종종 '명예'나 '체면'을 지키기 위해 불필요한 갈등에 휘말리곤 합니다. 하지만 최고의 승리는 싸우지 않고 이기는 것입니다. 불필요한 갈등을 피하는 것이 때로는 가장 현명한 선택이며, 또한 늘 승리하는 사람의 비결입니다.

누군가는 갈등을 피하는 것을 겁쟁이의 행동으로 여깁니

다. 하지만 실제로는 더 큰 용기가 필요한 일입니다. "약한 사람은 절대 용서할 수 없다. 용서는 강한 자의 속성이다"라는 말도 있지 않습니까? 진정한 강인함이란 불필요한 갈등을 일으키지 않는 데 있다는 얘기입니다.

불필요한 갈등을 피하는 것은 그저 문제를 회피하는 것이 아닙니다. 오히려 그것은 더 큰 목표와 가치를 위해 자신의 자아를 제어하는 능력을 의미합니다. 나 자신을 화나게 하는 사람의 판단과 행동을 바꿀 수 없음을 알아차렸다면 빠르게 나 자신을 바꾸는 것이 현명합니다. '캄 다운calm down' 하시길.

그러나 현실에서 승자는 남을 짓밟고 위에 서는 경우가 많습니다. 갈등을 피하는 것은 약자의 변명인 경우가 많고요. 강자는 언제든지 싸울 준비가 되어 있고 결과로 증명합니다. 문제를 회피하는 것은 쉽습니다. 그것은 책임을 지기 싫은 사람들이 하는 짓일 뿐입니다.

12
말이 적을수록
다툼도 줄어든다

말 한마디 더 할 시간은 많다. 그러나 한번 말한 것을 되돌릴 시간은 없다. 마치 유언장을 작성하듯 말하라. 말이 적을수록 논쟁도 적어진다. 사소한 일에서부터 말하기를 연습하라. 더 중요한 순간에 말로 인한 문제로 고통받기 싫다면. 가벼이 말하는 자, 나락에 빠지리라.

말의 힘을 이해하고 신중하게 사용하는 것은 성공적인 인간관계의 기본입니다. 말 한마디가 누군가를 살릴 수도 있고, 반대로 큰 오해를 불러일으킬 수도 있기 때문입니다.

"대인배는 아이디어에 관해 이야기하고, 보통 사람은 사건을 두고 이야기하며, 소인배는 사람에 대해 이야기한다"

라는 미국의 정치인이자 사회운동가인 엘리너 루스벨트의 말처럼, 우리가 어떤 대화를 선택하느냐는 곧 우리의 사고 수준과 인격을 드러냅니다.

러시아의 작가 안톤 체호프는 "다듬지 말고, 어색하고 뻔뻔하게 써라. 간결함은 곧 재능이다"라고 말했습니다. 불필요한 말을 줄이고, 의미 있는 대화에 집중하는 태도는 성숙한 지성인의 자세입니다. "새는 날개로 노래하고, 인간은 말로 노래한다"라는 말처럼, 언어는 단순한 의사소통 수단을 넘어 우리의 내면과 본질을 표현하는 강력한 도구입니다.

하지만 그렇다고 해서 말하기를 두려워해서는 안 됩니다. 말이 적을수록 논쟁이 줄어들 수는 있지만, 논쟁 자체가 반드시 부정적인 것은 아닙니다. 때로는 솔직한 대화와 건강한 논쟁을 통해 진실이 드러나고, 갈등이 해결되며, 관계는 더 깊어질 수 있습니다. 중요한 순간에 침묵하면 기회를 놓칠 수 있습니다.

말의 힘을 믿는다면, 과감히 말할 줄도 알아야 합니다. 물론 실수할 수 있습니다. 그러나 그 실수 속에서도 우리는 배우고 성장합니다. 중요한 것은 '어떻게' 말하느냐입니다. 조심스럽되 용기 있게, 신중하되 명확하게 말하는 사람만이 진정한 소통의 힘을 가질 수 있습니다.

13
한 번의 실수가
백 번의 성공을 무너뜨린다

한 번의 실수가 백 번의 성공을 집어삼킨다. 아무도 빛나는 태양을 쳐다보진 않는다. 하지만 해가 가려지는 일식이 일어나면 모든 사람이 쳐다본다. 나쁜 소문은 그 어떤 박수갈채보다 더 멀리 퍼진다. 한 사람의 모든 공적을 합쳐도 단 하나의 작은 오점을 지우기에는 충분하지 않다.

현대 사회에서 평판 관리의 중요성과 실수의 영향력은 점점 더 커지고 있습니다. 특히 기업의 경우, 제품과 서비스의 품질, 혁신에 대한 꾸준한 노력 없이는 시장에서 신뢰를 얻기 어렵습니다. "품질은 기억되지만, 가격은 곧 잊힌다"라는 말처럼, 품질은 소비자와의 신뢰를 의미합니다.

이런 맥락에서 개인도 마찬가지입니다. 더 나은 사람이 되기 위해선 과거의 성공에 안주하지 않고, 앞으로 해야 할 일에 더욱 주의를 기울여야 합니다. 이미 이룬 일에 집착하기보다는, 지속적인 개선과 성찰이 필요한 이유입니다. 왜냐하면 한 번의 실수가 돌이킬 수 없는 나락으로 이어질 수도 있기 때문입니다.

우리를 혼란스럽게 하는 것은 사건 그 자체가 아니라, 그것에 대한 우리의 판단과 해석입니다. 실수나 실패 자체보다 더 중요한 것은, 그에 대한 우리의 태도와 대응입니다. 실수를 최소화하고 일관된 모습을 보여 주는 태도는, 개인과 조직 모두에게 장기적인 평판과 성공을 보장하는 핵심 전략이 됩니다.

그렇다고 실수를 두려워할 필요는 없습니다. 진정으로 성공한 사람들은 실수를 회피하지 않습니다. 오히려 실수를 통해 배우고 성장합니다. 완벽한 평판을 유지하려는 지나친 집착은 오히려 아무것도 하지 못하게 만들 수 있습니다.

14

때로는 침묵이
가장 큰 소리를 낸다

과묵함은 나를 쉽게 보여 주지 않기 위함이다. 과묵함은 자제력에서 나온다. 과묵함을 조절하는 건 승리의 전제 조건이다. 당신은 입에서 나오는 모든 것에 대해 대가를 치러야 한다. 진정한 지혜는 신중한 태도에서 나온다. 과묵함을 위협하는 것들이 있다. 다른 사람들의 반대되는 의견, 당신의 비밀을 캐내기 위한 말장난 등이 그것이다. 이때 신중한 사람은 이전보다 더 과묵해질 줄 안다. 꼭 해야 할 일은 말할 필요가 없다. 말해야 할 일은 할 필요가 없다.

적절한 때에 침묵을 지키는 것은 강력한 전략이 될 수 있습니다. 때로는 침묵이 가장 큰 소리를 내는 법입니다. 말보다 더 많은 의미를 전달하는 침묵은 오히려 강력한 메시지를 품고 있기도 합니다. 과묵함은 단순한 말 없음이 아니라, 때를 아는 지혜에서 비롯된 태도입니다. 노자는 "지혜로운 사람은 말을 아낀다"라고 했습니다. 불필요한 말을 줄이고, 꼭 필요한 순간에 말하는 것이 진정한 지혜라는 뜻입니다.

하지만 여기서 오해해서는 안 됩니다. 노자가 말한 '말을 아낀다'라는 뜻은 세상과 완벽히 단절하라는 의미가 아닙니다. 오히려 그는 말의 힘을 알기에 그 힘을 신중히 사용하라고 권한 것입니다. 사실 세상을 바꾼 사람들은 대부분 말을 잘했습니다. 아니면 글이라도 잘 썼습니다. 그들은 강렬한 연설을 통해 사람들을 감동시키고, 대화를 통해 협력을 이끌었으며, 소통을 통해 변화를 만들어 냈습니다.

침묵은 때를 알고 전략을 세우는 지혜이며, 말은 그것을 실행에 옮기는 도구입니다. 침묵과 말하기는 양극단이 아니라, 상황에 따라 균형 있게 조율되어야 할 삶의 기술입니다. 말하기 전에 깊이 생각하고, 정보를 전략적으로 관리하며, 침묵과 발언 사이에서 최적의 타이밍을 선택하는 능력이 진정한 의사소통의 힘입니다. 과묵함이라는 이름으로 세상과 자신을 단절하지 마십시오. 침묵은 전략이 되어야지, 도피가 되어서는 안 됩니다.

15
의심하는 것보다
확신하는 것이 더 어리석다

당신의 말이 옳다고 고집부리지 말라. 모든 멍청이는 완전한 확신만이 가득하다. 그 확신은 다시 그를 더 멍청하게 만든다. 멍청이는 자신의 판단이 잘못될수록 오히려 그것을 더 굳게 고수한다. 명백하게 '확실하다'라고 생각이 들 때조차 양보하는 게 옳다. 고집은 고집을 통해 얻게 되는 것들보다 더 많은 걸 잃게 한다.

지적 성장과 효과적인 의사 결정을 하려면 견해를 유연하게 유지해야 합니다. 이 원칙을 잘 실천한 인물 중 하나가 미국의 과학자 리처드 파인만입니다. 그는 과학적 탐구에서 개방적 태도와 끊임없는 의문 제기로 유명했습니다. 파인만은 1974년 캘리포니아 공과대학교 졸업식 연설에서 이렇게 말했습니다.

"과학의 첫 번째 원칙은 자신을 속이지 않는 것이다. 당신이 가장 쉽게 속일 수 있는 사람은 자기 자신이다."

그의 말은 자신의 견해조차 끊임없이 검증하고, 자신을 의심할 줄 아는 태도의 중요성을 강조합니다. 선입견 없이 관찰하고, 판단 없이 바라보는 것이 진정한 지식의 출발점이라는 것이죠.

실제로 세상을 제대로 이해하기 위해서는 '확신'보다 '의심'이 필요합니다. 확신은 사고를 멈추게 하지만, 의심은 질문을 낳고 성찰을 유도합니다. 변화하는 세상 속에서 자기 생각을 유연하게 조정해야 진정한 배움을 지속할 수 있습니다. 그러나 여기에는 중요한 전제가 하나 더 있습니다. 모든 상황에서 유연하다고 해서 항상 옳은 것은 아닙니다. 어떤 경우에는 오히려 굳건한 신념과 고집이 필요합니다.

예컨대 "나는 항상 틀렸어"라며 자신을 낮추거나, "양보가 최고야"라는 자세만으로는 아무것도 이루어 낼 수 없습니다. 역사적으로 세상을 바꾼 인물들은 모두 '옳은 일'에 대해서는 끝까지 버텨 낸 사람들이었습니다.

이탈리아의 과학자 갈릴레오 갈릴레이는 지동설을 주장

하며 종교 권력에 맞섰고, 미국의 제16대 대통령 에이브러햄 링컨은 노예제 폐지를 두고 거센 반대 속에서도 신념을 꺾지 않았습니다. 그들은 자신의 믿음을 맹목적으로 따르기보다, 충분한 성찰 끝에 '옳다'고 확신한 일에 고집을 부린 것입니다.

16
말은 마음의 그림자다

누군가 당신의 일에 대해 나쁘게 말한다면 그것은 최고의 찬사일지도 모른다. 그는 자신이 원하는 것을 당신이 하고 있기에 배가 아플 뿐이다. 누군가 당신이 하는 걸 칭찬한다고 그것이 진짜 잘한다는 것도 아니다. 어떤 것을 칭찬한다고 해서 반드시 그것이 좋다는 것은 아니다. 사람들은 때로 좋은 것을 칭찬하지 않기 위해 나쁜 것을 칭찬한다.

　인간관계의 복잡성을 이해하는 것은 삶의 중요한 과제입니다. 때로는 사람들의 말과 행동이 모순되어 보일 수 있지만, 이는 그들의 진정한 의도를 숨기는 방식일 수 있습니다. 고대 철학자 소크라테스는 "나는 내가 아무것도 모른다는 것을 안다"라고 말했습니다. 이 말은 겸손함의 표현인 동시에, 타인의 내면을 섣불리 판단하지 말라는 깊은 지혜를 담고 있습니다.

우리는 타인의 말을 있는 그대로 받아들이기보다는, 그 이면에 숨겨진 의미를 파악하려 노력해야 합니다. 때로는 비난이 숨겨진 기대일 수 있고, 칭찬이 오히려 무관심의 또 다른 표현일 수도 있습니다. 이러한 역설적인 상황을 이해하고 대처하는 능력은 인간관계에서 매우 중요한 자산이 됩니다. 중국 속담에 "말은 마음의 그림자"라는 말이 있습니다. 말은 진심을 드러내기도 하지만, 때로는 그것을 감추는 가면이 되기도 합니다.

그러나 여기서 말의 이면을 해석하는 데 지나치게 몰두한 나머지, 현실을 왜곡해서 받아들이는 오류에 빠질 수 있다는 점은 조심해야 합니다. 예를 들어 누군가가 나를 비판했다고 해서 그것을 "사실은 나에 대한 찬사일 거야"라고 무리하게 해석한다면, 그것은 현실에 대한 직면을 회피하는 태도일 수 있습니다. 칭찬은 칭찬이고, 비판은 비판입니다. 우리가 비판받는다면, 그 안에 담긴 정당한 지적을 겸허히 받아들이고 자신을 돌아보는 것이 진정한 성장의 길입니다.

상대의 말을 이해하려는 노력은 분명 필요합니다. 그러나 그 과정에서 자신을 합리화하거나, 불편한 진실로부터 도망치려 해서는 안 됩니다. 인간관계에서 진정한 성숙은, 말의 이면을 읽을 줄 아는 지혜와 더불어, 그것이 나에게 주는 메시지를 솔직하게 받아들일 수 있는 용기를 함께 갖추는 데서 비롯됩니다.

17
장점도 지나치면 단점이 된다

탁월함조차도 악평 앞에선 결함이 된다. 악평은 탁월함
이 지나칠 때 생긴다. 특이한 사람은 혼자가 되기 쉽다.
… 해박한 지식도 절제가 부족하면 수다가 된다.

소위 '뜨지 못해서 안달 난 사회', 지금의 대한민국을 관
통하는 현실입니다. 주목받기 위한 경쟁이 치열해지고, 사
람들은 점점 더 강한 자기 표현을 추구합니다. 글로벌 경쟁
시대에 살아남으려면 이제는 단지 잘하는 것을 넘어 '드러
나는 것'이 중요해졌습니다. 콘텐츠가 넘쳐나는 세상에서
K-팝과 K-드라마가 세계적으로 성공한 것도 단순한 실력
만이 아니라, 전략적 마케팅과 화려한 퍼포먼스 덕분이었
습니다. 차별화와 브랜딩이 생존의 핵심인 시대입니다.

하지만 이러한 흐름 속에서 우리는 한 가지 질문을 던져봐야 합니다. 진정한 영향력은 과연 '크게 드러나는 것'에서만 비롯되는가? 때로는 조용히, 그러나 꾸준하게 빛을 내는 존재들이 있습니다. 그들은 자신을 드러내기보다, 묵묵히 실력을 쌓고 조화 속에서 변화를 이끕니다. 겸손하게, 그러나 깊이 있는 이러한 '조용한 영향력'을 추구하는 사람들이 점점 줄어들고 있다는 점은 아쉬운 현실입니다.

우리의 장점은 지나치면 단점이 되기 쉽습니다. "너무 많은 꿀은 달콤함을 잃는다"라는 말처럼 과한 드러냄은 오히려 본질을 흐리게 하고, 진정한 가치를 퇴색시킬 수 있습니다. 자기 자랑보다 중요한 것은, 자신의 재능이나 성취가 타인에게 긍정적인 영향을 미치는 방식입니다. 그것이 곧 '성숙한 브랜딩'이며, 지속 가능한 성장의 기반입니다.

특이함을 추구하는 것도 중요하지만, 그 속에 고립되지 않기 위해선 균형이 필요합니다. 변화의 주체가 되고자 한다면 조용하지만 꾸준한 노력이 반드시 뒷받침되어야 합니다.

18
부재는 단단한 관계를 만든다

존경받고자 한다면, 가치 있는 사람으로 보이고 싶다면, 당신의 부재를 이용하라. 존재는 명성을 사라지게 하고, 부재는 명성을 만든다. 탁월함은 드러낼수록 그 빛이 흐려진다. … 자신을 이야기의 중심에 두는 사람이 명성을 이어 간다. 불사조도 자신의 퇴장을 새로운 장식을 위해 사용한다. 자신의 부재를 세상의 욕망으로 바꾼다.

인간관계에서 적절한 거리를 유지하는 것은 때로 더 깊은 연결의 시작이 됩니다. 프랑스의 작가 앙투안 드 생텍쥐페리는 "사랑은 서로를 바라보는 것이 아니라 함께 같은 방향을 바라보는 것"이라고 말했습니다. 물리적 거리보다 더 중요한 것은 마음이 향하는 방향임을 보여 주는 말입니다.

우리는 종종 지속적인 존재감이 관계의 가치를 높인다고 믿습니다. 그러나 역설적으로, 때때로 '부재'가 더 큰 의미를 만들어 내기도 합니다. "떠나는 사람을 붙잡지 마라. 그가 돌아온다면 그는 영원히 당신 것이다. 돌아오지 않는다면 처음부터 당신 것이 아니었다"라는 말이 인생 격언처럼 회자됩니다. 이 말엔 부재가 관계를 시험하고 단단하게 만드는 시간일 수 있다는 통찰이 담겨 있습니다.

하지만 이 같은 '전략적 부재'가 항상 긍정적인 결과를 낳는 것은 아닙니다. 특히 지금처럼 정보와 소통이 넘쳐나는 초연결 사회에서는, 눈에 보이지 않으면 금방 잊히기 쉽습니다. 경쟁이 치열한 사회 구조 속에서 자리를 비우는 순간, 누군가가 그 자리를 대신 차지해 버리는 현실도 무시할 수 없습니다. 이런 맥락에서 부재는 '망각'으로 이어지고, '부재의 미학'은 패배자의 자기합리화에 불과하다는 비판도 존재합니다. 그러므로 중요한 것은 '왜' 그리고 '어떻게' 자리를 비우는가입니다. 전략적 부재는 단순한 회피가 되어서는 안 되며, 자기 성찰과 성장의 시간이어야만 합니다.

19
전쟁의 기술은
싸우지 않고 이기는 것이다

질척대지 말라. 그러면 무시당하지 않을 것이다. 다른 이들이 당신을 존중하기를 바란다면 먼저 자신을 존중하라. 당신의 존재감을 낭비하지 말고 보호하라. 그때 당신은 세상이 원하는 사람이 되고 또 환영받을 것이다. 오라고 하지 않았으면 가지 말고, 오라고 했을 때만 가라. 스스로 일을 맡으면 실패했을 때 모든 비난은 당신이 받고, 설령 성공해도 감사의 인사조차 받지 못한다.

우리는 누구나 인정받고 싶은 욕구가 있습니다. 그래서 때때로 너무 적극적으로 행동하거나, 끊임없이 타인의 관심을 얻으려 애쓰게 됩니다. "열 번 찍어 안 넘어가는 나무

없다"라는 말처럼 끈질기게 다가가는 것이 미덕으로 여겨지기도 하죠. 하지만 아이러니하게도 이러한 지나친 열정은 오히려 타인의 존중을 잃게 만들 수 있습니다.

진정한 존재감은 조절된 균형 속에서 더욱 빛납니다. 고대 그리스의 철학자 아리스토텔레스가 이야기한 것처럼 무엇이든 적당한 게 최고입니다. 존재를 너무 앞세우면 피로감을 주고, 너무 숨기면 잊혀집니다. 그래서 때로는 한 걸음 물러서는 용기가 필요합니다. 무조건 수동적으로 있으라는 뜻이 아닙니다. 오히려 전략적인 태도가 요구된다는 말입니다. "전쟁의 기술은 싸우지 않고 이기는 것이다"라는 말처럼, 인간관계에서도 적절한 시점에 적절한 방식으로 행동하는 지혜가 필요합니다. 덜 하는 것이 더 많은 것을 얻는 비결이 되는 순간이 분명 존재합니다.

그 출발점은 바로 '자기 존중'입니다. 자신을 소중히 여기는 사람만이 타인도 존중할 수 있습니다. 반대로 자기 자신을 하찮게 여기는 사람은 남도 그렇게 대하기 쉽습니다. '나는 별거 아닌 존재야'라는 마음은 결국 타인에게도 같은 메시지를 전하게 됩니다.

하지만 자기 존중은 수동적인 태도와는 다릅니다. 세상을 바꾼 이들은 누구도 자신을 불러주지 않았지만, 스스로 나섰습니다. 스티브 잡스가 애플을 만들 때 누가 그를 불렀나요? 마틴 루터 킹이 워싱턴 행진을 시작할 때 누가 허락했나요? 그들은 "아무도 내가 필요하지 않으니까"라는 생각에 머물지 않았습니다. 자존심이라는 이름으로 자신을 가두지 않았고, 존재감을 지키기 위해 자신의 존재 자체를 포기하지 않았습니다.

20
나의 약점을 숨겨야 할 이유

상처 입은 손가락을 함부로 보여 주지 말라. 모두가 그 상처 입은 손가락을 건드릴 것이기 때문이다. 불평하지도 말라. 누군가의 악의는 항상 약점이 있는 곳을 겨냥하기 때문이다. 화를 내지도 말라. 상대방에게 조롱의 기회를 주는 것이기 때문이다. 악의는 늘 건드릴 만한 상처를 찾아다닌다. … 운명은 우리의 가장 약한 부분을 찾아 상처 주기를 즐겨한다. 심지어 상처가 생긴 생살을 괴롭히기까지 한다.

자신의 약점을 드러내지 않는 것은 중요한 생존 전략이 될 수 있습니다. 프랭클린 D. 루스벨트 미국 대통령이 그 좋은 사례입니다. 루스벨트는 소아마비로 인해 하반신이 마비되었지만, 이를 공개적으로 드러내지 않으려 노력했습니다. 자신의 약점이나 불리한 점에 대해 두려워하거나 머뭇거리지 않았죠.

루스벨트는 "우리가 두려워해야 할 유일한 것은 두려움 그 자체다"라고 말했습니다. 자신의 약점을 두려워하거나 그것에 집착하지 않는 태도의 중요성을 강조한 것입니다. 사실 강점도 함부로 드러내지 말아야 합니다. "진정한 전사는 자신의 검을 뽑내지 않는다"라는 말처럼요.

그러나 약점을 숨기는 것만이 유일한 답은 아닙니다. 때로는 오히려 약점을 드러내는 것이 더 큰 힘이 되기도 합니다.

미국 역사상 최고의 진행자라 불리는 오프라 윈프리는 어린 시절의 학대 경험을 숨기지 않았습니다. 위대한 과학자 스티븐 호킹 역시 자신의 병을 숨기지 않았고요. 그들이 약해 보였을까요? 오히려 더 강해 보였습니다. 약점을 숨기느라 가면을 쓰고 사는 것보다, 솔직하게 보여 주며 함께 성장하는 게 훨씬 용감할 때도 있습니다. 완벽한 척하는 순간, 우리는 가짜가 됩니다.

결국 약점을 관리하는 방법에는 정답이 없습니다. 중요한 것은 상황과 목적에 따라 어떤 전략이 더 효과적인지를 판단하는 지혜입니다.

21
물러남은 도망이 아니라
전략적 후퇴다

물러나는 법을 알라. 거절하는 법을 아는 건 살아가는 데 큰 교훈이 되는데, 그보다 더 큰 교훈과도 같은 건 자기의 일 그리고 자기를 둘러싼 사람과 자신의 거리를 둘 줄 아는 것이다. 자신과 상관없는 하찮은 일에 귀중한 시간을 낭비하는 건 아무것도 하지 않는 것보다 나쁘다. 현명한 사람은 다른 사람의 일에 쓸데없이 간섭하지 않는 건 물론, 타인이 자기의 일에 함부로 간섭하지 않게 할 줄 안다.

현대 사회에서 우리는 끊임없이 연결되고 반응해야 한다는 압박을 받습니다. 하지만 노자는 "아무것도 하지 않음으로써 오히려 모든 것을 한다無爲而無不爲"라고 말합니다. 때로는 '물러남'이 가장 강력한 행동이 되는 것입니다.

'물러남의 기술'은 아무것도 하지 않겠다는 선언과는 다릅니다. 자신의 에너지와 시간을 가장 중요한 것에 집중하겠다는 의지입니다. 우리는 무엇에 "예"라고 말할지를 신중하게 선택해야 합니다. 이는 단순히 자신을 보호하는 것이 아니라, 사회의 한 구성원으로서 건강한 관계를 유지하는 데도 필요한 자세입니다.

'물러남'은 단순한 이기심이나 무관심을 의미하지 않습니다. 자신과 타인을 동등하게 존중하는 균형 잡힌 태도입니다. 특히 나 자신을 사랑해야 합니다. 불교는 "자비는 자신을 포함한다"라고 가르칩니다. 우리가 자신을 돌보지 않으면, 결국 타인을 돕는 능력도 잃게 됩니다. 또한 타인에게 지나친 관심을 보이며 헌신하는 과도한 관계는 일상의 독毒과도 같습니다.

그러나 반대 목소리도 있습니다. 물러남은 곧 패배를 인정하는 것이라는 시각입니다. 현대 사회에서 뒤처지지 않으려면 끊임없이 앞으로 나아가야 한다는 것이죠. '아무것도 하지 않음'은 사치이며, 모든 기회를 잡아야 한다는 논리입니다.

진정한 물러남의 지혜는 이 두 극단 사이에서 조화로운

균형을 찾는 것입니다. 언제 물러나야 하고 언제 전진해야 하는지를 아는 것이 바로 지혜로운 삶의 핵심입니다. 물러남은 도망이나 회피가 아니라, 더 나은 전진을 위한 전략적 후퇴인 것입니다.

22
인간적으로 보이면 명성을 잃는다

평가절하당하고 싶은가. 다른 사람들과 같은 인간이라는 걸 보여 주면 된다. 인간적으로 보이면 더는 대단한 사람이라고 여겨지지 않게 된다. 경박함은 명성의 정반대다. 과묵한 사람들이 인간 이상으로 여겨지는 것처럼, 경박한 사람들은 그 이하로 여겨진다. 그 어떤 것도 이보다 존경을 얻거나 잃음에 영향 주는 게 없다. … 경박하면 나이가 들어서도 무게감 있는 사람이 될 수 없다. 나이는 우리에게 신중함을 요구한다.

인간의 본질은 복잡하고 다면적입니다. 그런데도 우리는 타인을 단순한 이미지로 규정하길 원합니다. 스위스의 심리학자 칼 융은 "모든 인간은 어둠과 빛, 선과 악의 요소를 가지고 있다"라고 말했습니다. 이 말은 인간에게는 선을 추구하려는 경향과 동시에 악한 충동이나 행위를 할 가능성이 모두 내재되어 있으며, 이는 인간의 자유의지와 선택에 따라 발현될 수 있다는 것을 의미합니다. 또한 우리가 완벽하지 않으면서도, 동시에 누구나 독특한 가치를 지니고 있음을 일깨워 줍니다.

우리 사회는 자주 '영웅'이나 '아이콘'을 만들어 냅니다. 그러나 그들이 평범한 인간의 모습을 드러내는 순간 실망하는 것도 사실입니다. 이는 우리가 타인에게 완벽함을 기대하는 동시에, 자신도 흠 없는 존재가 되어야 한다는 압박을 느끼게 만듭니다. 그러나 완벽함이 아니라, 불완전함을 인식하고 그것을 넘어 성장하려는 태도가 필요합니다.

진중함은 그 성장의 과정에서 중요한 덕목이 될 수 있습니다. 진중한 태도의 핵심은 할 말과 안 할 말을 구분할 줄 아는 능력, 그리고 해야 할 행동과 삼가야 할 행동을 아는 분별력에 있습니다. 단지 말수가 적고 조용하다고 해서 진중한 사람은 아닙니다. 진정으로 깊이 있는 사람은 상황을 읽고, 말과 행동에 책임을 질 줄 알며, 비범한 존재감을 드러냅니다.

여기엔 주의할 점도 있습니다. 진중한 사람들은 자칫 '재미없는 사람'으로 비치기 쉽습니다. 상대방에겐 단지 대화할 거리가 없거나, 소통이 어려운 사람일 뿐일 수 있습니다. 존경받고자 하는 마음이 오히려 지루함을 불러오는 역효과를 낳을 수 있습니다.

특히 나이가 들수록 우리는 더 자유롭고 솔직해질 필요가 있습니다. 젊을 땐 체면 때문에 감추었던 진짜 나의 모습을 드러내는 용기가 성숙함의 또 다른 모습 아닐까요? 세상에서 가장 매력적인 사람들은 일흔이 되어도, 여든이 되어도 아이처럼 웃고 장난칠 줄 압니다.

찰리 채플린은 1980년대 영국의 희극 영화감독 겸 영화배우였는데요. 그는 "웃음 없는 하루는 낭비한 하루다"라는 명언을 남겼습니다. 진중함이라는 무거운 갑옷 속에서 질식당하지 않도록, 유머와 따뜻함의 숨구멍도 함께 마련해야 합니다.

23
지나친 완벽주의는
인생의 맛을 잃게 한다

아무리 옳다고 해도 그것을 극단적으로 밀어붙이면 잘못되는 경우가 있다. 오렌지의 모든 즙을 너무 끝까지 짜내려고 하면 결국 쓴맛이 나게 된다. 즐거움에서조차 극단으로 가지 마라. 너무 세밀하게 생각하면 오히려 둔해진다. 소의 젖도 너무 짜면 우유가 아니라 피가 난다.

균형은 삶의 모든 측면에서 중요한 요소입니다. 극단을 피하고 중용을 찾아야 합니다. 과도함의 위험성은 일상생활의 많은 영역에서 나타납니다. 우리가 그토록 원하는 성장은 균형에서 옵니다. 이때 균형은 절제를 통해 생깁니다. 자신의 지속 가능한 발전을 위해서는 균형 잡힌 접근이 필요합니다.

좋은 것도 과하면 해로울 수 있습니다. 완벽해지려고 하는 것 역시 마찬가지입니다. 완벽함에 대한 지나친 추구는 인생의 깊은 맛을 놓치는 잘못된 선택이 될 수가 있습니다. 때로는 불완전함을 받아들이는 것이 더 풍요로운 삶으로 이어질 수 있습니다. 아무리 단 설탕이라도 한 주먹을 먹으면 단맛을 느끼기보다는 구역질이 나기 마련입니다. 인생도 마찬가지입니다.

그러나 현실은 이러한 이상론만으로는 설명되지 않는 복잡함을 지니고 있습니다. 극단의 완벽주의를 취하는 사람들이 종종 엄청난 성공을 거두는 경우를 봅니다. 스티브 잡스가 그 좋은 예입니다. 그의 강박적인 완벽주의와 타협하지 않는 기준은 애플을 세계 최고의 기업으로 만들었습니다.

이러한 극단적 접근에는 대가가 따릅니다. 주변 사람들의 엄청난 저항을 극복해야 한다는 것입니다. 잡스 역시 그의 까다로운 성격과 비타협적 태도로 인해 수많은 갈등을 겪었고, 심지어 자신이 창립한 회사에서 쫓겨나기도 했습니다. 극단적 완벽주의는 성공을 가져다줄 수 있지만, 동시에 인간관계 파괴와 개인적 고통을 수반하기도 합니다.

더 나아가, 우리가 마주한 현실은 더욱 가혹합니다. 약육

강식의 세상에서 '균형'이라는 개념 자체가 패자들의 위안일 수도 있겠다는 냉소적 시각도 존재합니다. 균형 잡힌 삶이라는 것이 이미 충분히 가진 자들의 사치스러운 철학이 아닐까 하는 의문이 듭니다.

치열한 경쟁 사회에서 살아남으려면 도덕적 완벽함보다는 실용적 선택이 필요할 수도 있습니다. 때로는 남의 희생위에서 자신의 성공을 쌓아야 할 수도 있습니다. 단지 그 사실을 인정하기가 불편할 뿐입니다. 이는 인간 사회의 어두운 단면이지만, 동시에 부인할 수 없는 현실입니다. 결국 진정한 균형이란 고정된 중간점을 유지하는 것이 아니라, 상황에 따라 적절히 조절하는 능력입니다.

24
말이 길어지면
메시지는 희미해진다

지루하게 말해선 안 된다. 간결한 말은 듣기에도 좋고 더 많은 것을 얻게 한다. … 현명한 사람들은 지루함을 피할 줄 안다. 주의해야 한다. 잘나가는 사람들에게 지루하게 말해서 그들을 방해하는 것을 피해야 한다. 잘 말한다는 건 간결하게 말하는 것이다.

효과적인 소통은 현대 사회에서 성공의 핵심 요소입니다. 프랑스의 수학자 블레즈 파스칼은 어느 편지에서 이렇게 적었습니다.

"이 편지가 길어진 이유는 짧게 쓸 시간이 없어서입니다."

짧은 문장 안에 많은 것을 담은 이 말은, 간결하고 명확한 표현이야말로 얼마나 많은 생각과 노력을 필요로 하는지를 잘 보여 줍니다.

간결함은 단순히 말을 줄이는 것이 아니라, 핵심을 정확하게 전달하는 기술입니다. 이탈리아의 화가 레오나르도 다 빈치 역시 "단순함은 궁극의 정교함이다!"라고 말했습니다.

그는 복잡한 세계를 단순한 선과 색으로 압축해 낸 거장이었지요. 말도 마찬가지입니다. 우리가 하는 말이 길고 복잡할수록 오히려 핵심은 흐려지고, 진정 전하고자 하는 메시지는 희미해질 수 있습니다.

과도한 말은 종종 부족한 내용을 감추려는 시도로 비칠 수 있습니다. 그래서 "말이 은이라면 침묵은 금이다"라는 속담이나, "지혜로운 사람은 말을 아낀다"라는 격언이 오랫동안 전해져 온 것이겠지요. 진짜 중요한 말일수록, 오히려 덜어 내야 빛이 납니다.

생텍쥐페리도 말했습니다.

"완벽함이란 더 이상 보탤 것이 없을 때가 아니라, 더 이상 뺄 것이 없을 때 완성된다."

말도 마찬가지입니다. '해도 그만, 안 해도 그만'인 말이라면, 애초에 하지 않는 것이 낫습니다. 불필요한 사족이 달리면 논점은 흐려지고, 전달력은 약해집니다. 핵심만 남기고 모두 덜어 내는 일, 그것이야말로 말하기의 품격이 아닐까요?

그런데 문득 왜 세상의 많은 소위 '가진 자들'은 그렇게 말이 많을까 하는 의문이 듭니다. 그들은 자신들의 시간은 너무나 소중하다며 타인의 말을 자르면서도, 정작 본인은 한없이 장황하게 말을 이어 갑니다. 간결함이 미덕이라면, 왜 그 미덕은 약한 자에게만 강요되는 걸까요?

어쩌면 이 사회에서 소통의 본질은 '간결함'이 아니라 '권력'일지도 모릅니다. 권력을 가진 사람은 말을 길게 해도 '심오하다'라고 해석되지만, 그렇지 않은 사람은 조금만 말이 길어져도 "요점만 말하라"라는 핀잔을 듣기 십상입니다.

결국, 간결하게 말한다는 것은 단순한 화법의 기술이 아닙니다. 자기 말에 책임을 지고, 타인의 말에 귀를 기울이는 태도이며, 때로는 불필요한 권위와 싸워야 하는 용기이기도 합니다. 그렇기에 우리는 더더욱 연습해야 합니다. 짧게, 정확하게, 정중하게 말하는 법을.

25

작은 구름이 태양 전체를 가릴 수 있다

흠 없이 살아라! … 구름 한 점이 태양 전체를 가릴 수 있다. 마찬가지다. 악의는 우리의 흠을 발견하고 또 그 흠에 주목하여 우리의 평판에 흠집을 낸다. 자신의 흠을 장식품으로 바꾸는 것은 최고의 기술이다. 시저는 자기의 육체적 결점인 대머리를 월계관으로 숨겼다.

현대 사회에서 우리의 결점은 더욱 쉽게 노출됩니다. 소셜 미디어와 즉각적인 커뮤니케이션 시대에 작은 실수 하나는 큰 파장을 일으킵니다. 단 하나의 작은 구름이 그 광대한 태양 전체를 가리는 법입니다. 우리의 결점을 알아차리고 어떻게든 개선해야 합니다.

그렇다고 우리의 흠을 무작정 배척하라는 것은 아닙니

다. 미국의 작가 어니스트 헤밍웨이는 그의 유작《해류 속의 섬들》에서 "인간은 모두 부서져 있다. 그렇게 안으로 빛이 들어온다"라고 말했습니다. 이 말은 상처나 아픔 같은 인간의 '부서진' 부분들이 오히려 우리가 더 나은 사람이 될 수 있도록 돕는다는 의미로 결함 없는 완벽함이 아닌, 고통을 통해 얻는 성장의 중요성을 강조합니다. 우리의 결점은 우리를 더 공감적 이해를 잘하는 사람으로 만들어 줍니다. 우리가 타인의 불완전함을 이해하고 받아들이는 데도 도움을 줍니다.

결점을 방치해도 된다는 의미는 아닙니다. 시저가 월계관으로 자기의 대머리를 가렸듯이 우리도 우리의 약점을 보완하고 그것을 독특한 강점으로 변화시키는 방법을 찾아야 합니다. 진정한 완벽함은 결점이 없는 상태가 아니라, 그 결점을 인정하고 개선하려는 끊임없는 노력에 있습니다.

강점을 더욱더 강하게 만드는 것이 나을까요? 아니면 약점을 보완하는 것이 더 나을까요? 당연히 전자입니다. 다만, 약점을 그대로 두지는 마세요. 그것이 치명적인 상태가 되지 않을 정도로 보완하는 노력은 꼭 필요합니다.

완벽한 사람은 없다고요? 맞습니다. 하지만 결점을 숨기지 못하는 사람은 도태됩니다. 현실적으로, 당신의 약점은 반드시 보완해야 합니다. 그것을 개선하지 못한다면, 최소한 남들의 눈에 띄지 않게 만들어야 합니다. 세상을 쉽게 보지 마세요. 사람들은 늘 당신의 약점에 관심을 두고 있으니까요. 당신의 약점이 그대로 노출된다면 그들은 그것을 자신의 무기로 삼을 수도 있습니다.

PART 2

적을 만들지 않는 사람의 관계 기술

26
고마운 사람보다 필요한 사람이 돼라

타인으로부터 감사를 받기보다는 타인이 당신에게 꼼짝없이 의존하게 만들어라. 갈증을 해소한 자는? 우물에서 등을 돌린다. 한 번 빨아먹은 오렌지는? 황금 접시에서 쓰레기통으로 버려진다. 의존할 필요가 없어지면 공손함도 사라지고, 그렇게 존경도 함께 사라진다. 왕의 자리에 앉아 있는 자라 할지라도 세상 사람에게 필요한 존재로 남아 있어야 비로소 왕의 대접을 받을 수 있다.

"필요한 사람이 돼라!"

세상을 살아가는 동안 이 말보다 중요한 말이 또 있을까요? 이탈리아 사상가 마키아벨리는 이렇게 말했다고 합니다.

"사랑받는 것보다 두려워지는 것이 낫다!"

하지만 지금의 세상은 "두려워하는 사람이 되는 것보다 필요한 사람이 되는 게 중요하다!"라고 말하는 듯합니다. 타인에게 필요한 존재가 된다는 것은 단순히 이기적인 전략이 아니라, 공동체 안에서 자신의 가치를 실현하는 방법인 거죠. 단, 중요한 건 누군가에게 필요한 존재로 계속 남는 것입니다. 단물이 빠진 오렌지는 버려지기 마련이니까요.

누구에게나 필요한 사람이 되려면? 그 누구도 따라올 수 없는 필살기를 가져야 합니다. 적어도 누군가 한 사람에게라도 꼭 필요한 사람이 되려면 그 사람이 다른 누구에게서도 받을 수 없는 걸 당신이 가져야 합니다. 그러나 모든 사람에게 필요한 사람이 될 필요는 없습니다. 그렇다고 아무에게도 필요 없는 사람이 되면? 비참한 삶일 뿐입니다.

다른 관점에서 보면, 필요한 사람이 되고 싶다는 건 평생 노예로 살겠다고 선언한 겁니다. 누군가의 문제를 해결해주는 도구에 불과할 수 있고, 일방적으로 착취만 당할 수 있습니다. 똑똑한 사람은 다릅니다. 대체 불가능한 독립적 존재가 되어 선택권을 가지려 합니다. 필요하다고 붙잡히지 말고, 원할 때만 나타나세요. 진정한 힘은 상대방이 당신을 갈망하게 만드는 데 있습니다.

27
별은 태양과 경쟁하지 않는다

모든 승리는 증오를 낳기 마련이다. 그중에서도 윗사람에 대한 승리는 어리석을 뿐만 아니라 치명적이다. 우월함은 항상 타인의 미움을 받는데, 더욱이 윗사람에 대한 우월함은 말할 필요도 없다. … 왕은 누군가가 자신을 돕는 건 허용하지만 자신을 능가하는 것은 허용하지 않는다. 설령 누군가 왕에게 조언할 때라도 왕이 '처음부터 알지 못했던 것에 대한 안내'가 아니라 '잠시 잊어버린 것에 대한 회상'처럼 보이기를 원한다. 별들도 우리에게 이러한 지혜를 일깨워 주지 않았던가. 태양의 자녀인 별도 빛을 낸다. 하지만 결코 태양의 광채와는 경쟁하지 않는다.

회사에 처음 들어간 분들이 불평하는 것 중의 하나가 이런 것입니다.

"제가 보고서 작성했는데, 팀장님이 제 이름을 넣어 주지 않았어요."

이런 얘기를 들을 때면 "괜찮아요. 그런가 보다 하세요"라고 말해 줍니다.

나의 능력을 과시하고 싶은 유혹은 누구에게나 있습니다. 하지만 진정한 지혜는 자신의 빛을 감추는 데 있습니다.

가장 밝은 빛은 그림자를 만들지 않는 법입니다. 나의 재능이 굳이 타인을 위협하는 것처럼 보이지 않도록 주의해야 합니다. 상사나 권위 있는 사람들과의 관계에서 이는 더욱 중요합니다. 그들의 자존심을 지키면서도 자신의 가치를 인정받는 것을 목표로 하는 게 낫습니다.

물론 이런 말에 반발할 수도 있습니다.

"별이 태양과 경쟁하지 않는다고요? 그래서 평생 어둠 속에서 깜빡거리며 살겠다는 건가요? 당신이 빛을 감추고 있는 동안, 덜 유능한 누군가가 당신 자리를 덥석 차지합니다. 뒤에 숨어만 있으면 기회는 남의 것이 됩니다."

하지만 무작정 자신을 낮추라는 게 아닙니다. 자기 비하를 권하는 것도 아니고요. 나의 능력을 적절히 조절하여 더 큰 영향력을 행사하자는 것입니다. 이는 특히 상하 관계에서 더욱 중요한 원리입니다.

리더 중에 최악의 리더는 자기의 부하와 경쟁하는 사람입니다. "네가 내 자리를 넘봐? 어림 반 푼어치도 없어!"라는 사람이 대표적인 유형입니다. 최고의 리더는 자기의 부하를 리더로 키워 주는 사람입니다. 그렇다면 부하 중에 최악의 부하는 누구인가요? 자기의 보스가 다른 사람 앞에서 바보처럼 보이도록 만드는 사람입니다. 특히 고객 앞에서 말입니다.

최고의 부하는 상사가 멋진 리더가 되도록 기여하는 사람입니다. 예를 들어 고객에게 프레젠테이션하러 가기 전에 상사에게 꼭 해야 할 말과 해서는 안 되는 말을 알려 드릴 줄 압니다.

겸손한 사람은 자신의 가치를 모르는 것이 아니라, 다른 사람의 가치를 인정할 줄 압니다. 나의 가치는 잊지 않되, 타인의 가치도 인정해 주세요.

28
배울 것이 있는 사람을 곁에 두어라

친구와의 교제는 지식의 학교가 되어야 한다. 친구와의
대화는 교양을 품은 문화여야 한다. 친구는 곧 스승이어
야 하며 친구와의 대화는 즐거움과 함께 배움이 되어야
한다. 지혜로운 사람들은 이렇게 즐거움과 함께 배움을
누릴 줄 안다. … 지혜로운 사람들이 위대한 귀족의 집을
자주 찾는 것은 그곳이 허영의 신전이어서가 아니라 교
양의 극장이기 때문이다.

주변에 누가 있습니까? 당신의 친구는 어떤 사람입니까?
우리의 삶은 끊임없는 학습의 연속입니다. 이 학습이 반드
시 교실이나 책상 위에서만 이루어지는 것은 아닙니다. 가
장 좋은 학습은 우리의 일상적인 대화와 교류 속에서 일어

납니다. 이것이 지혜로운 사람을 친구로 삼기 위해 좋은 곳을 찾아야 할 이유입니다.

공자가 "세 사람이 길을 가면 반드시 내 스승이 있다"라고 말했듯이 우리 주변의 모든 사람에게서 배울 점이 있습니다. 특히 그 세 사람이 나와 관계있는 사람이거나 친구라면 더욱 그렇습니다. 배울 것이 없는 친구라면 그만 만나십시오. 새로운 친구를 찾아 나서야 합니다. 학습공간이나 문화공간에서 말입니다.

우리의 목표는 우리의 일상적인 교류가 '세상 지혜의 학원'이 되도록 만드는 것이어야 합니다. 그때 우리는 더 성장하고, 더 나은 버전의 자신이 될 수 있습니다. 말 한마디도 마찬가지입니다. 우리의 일상적인 대화를 의식적으로 학습의 기회로 삼을 때, 우리는 지적 능력을 날마다 높일 수 있게 됩니다.

그런데 정말 그럴까요? 진짜 좋은 친구는 오히려 아무것도 가르쳐 주지 않을지도 모릅니다. 그냥 함께 있어도 편하고, 바보 같은 소리를 해도 웃어 주고, 때로는 서로 욕하면서도 변함없이 곁에 있어 주는 사람이지요. "세 사람이 길을 가면 반드시 내 스승이 있다"라는 말도 좋지만 "세 사람이 길을 가면 그냥 즐겁게 가라"라는 말도 괜찮지 않을까요?

모든 것을 학습 기회로 만들려는 순간 인생의 소중한 순간들을 놓칠 수도 있습니다. 때로는 아무런 목적 없이 친구와 시간을 보내는 것 자체가 우리에게 가장 필요한 배움일 수 있습니다.

29
현명한 사람을 가까이 하면
현명해진다

강자에겐 특권이 있다. 그건 현명한 사람들을 자신의 곁에 둘 수 있는 것이다. 현명한 사람들은 모든 두려움, 모든 어려움에서 강자를 벗어나게 해 준다. 자기 주변의 현명한 자를 활용할 줄 아는 건 일종의 위대함이다. … 알아야 할 건 많은데 인생은 짧다. 앎이 없으면 진정한 삶도 없다. (스스로) 공부하지 않고도 공부하는 것, 그것을 통해 많은 것을 얻고 또 현명해지는 것, 그것이야말로 영리함, 그 자체다.

수많은 공부법이 있습니다. 요약하기, 단권화, 반복하기… 하지만 그거 아시나요. 세상에서 가장 쉬운 공부법은 따로 있다는 것을요. 그건 자신보다 더 많은, 더 큰 지식을 가진 이들을 자신의 주변에 모아 두는 것입니다. 자기 곁에 현명한 사람을 두는 순간, 나 자신도 현명해집니다.

"친구를 사귈 때는 자신보다 더 나은 사람을 사귀어라無友不如己者"라고 공자는 말했습니다. 자신보다 나은 사람이란 나보다 돈이나 권력을 더 많이 가진 사람이 아니라, 내가 무엇 하나라도 배울 것이 있는 사람을 의미한다는 것, 기억하시길 바랍니다.

전체는 부분의 합보다 크고 또 대단한 경우가 일반적입니다. '집단 지성'이라는 말도 있지 않나요. 현대 사회에서 성공은 이제 개인의 재능보다는 네트워크의 힘에 따라서 결정되는 경우가 허다합니다. 우리 주변에 현명한 조언자를 두는 것은 단순한 사치가 아니라 생존과 번영을 위한 필수 전략입니다.

무지 그리고 불확실성이라는 적과 싸우는 것이 우리의 일상입니다. 나의 무지를 이겨 내기 위해, 다가올 불확실성에 대비하기 위해, 우리가 해야 할 것이 있습니다. 앎에 투자해야 합니다. 앎을 혼자 해결하려 하지 마세요. 타인의 경험을 이용하세요. '일인지혜一人智慧'가 아닌 '만인지혜萬人智慧'에 관심을 두시길.

그런데 공부하기 쉬운 방법을 찾기 전에 나의 공부에 관한 열정부터 체크해 봐야 합니다. 타인의 경험을 이용하는 것도 최소한 자신의 기본기가 있을 때 가능하기 때문이죠. 기초도 없이 남의 지혜만 빌려 쓰는 건 그냥 지적 도둑질입니다.

30
칭찬은 많은 것을
얻어 내기 위한 미끼다

모든 사람은 우상 숭배자다. 어떤 이는 명성을, 다른 이는 사리사욕을, 대부분은 쾌락을 숭배한다. 이러한 우상들을 알아내어 그것들을 작동시킬 줄 아는 것이 사람을 움직이는 기술이다. 우상을 숭배하게 된 동기의 주된 원천을 알면 바로 그 사람의 의지를 마음대로 다룰 수 있는 열쇠를 쥐고 있는 셈이다.

인간의 행동을 이해하고 영향을 파악하는 것은 인간관계의 핵심입니다. 우리는 어떤 형태로든 '동기'에 의해 움직이기 때문입니다. 현대 심리학도 인간의 행동을 복잡한 동기들의 상호작용으로 봅니다. 우리의 행동은 기본적인 생리적 욕구에서부터 자아실현의 욕구에 이르기까지 다양한 수준의 욕구에 영향을 받습니다.

그런데 사람들은 모두 그들의 가장 낮은 욕구나 열정에 의해 움직입니다. 대개 그들의 눈과 그들의 욕망에 따라 판단할 뿐이라는 사실을 기억하고, 자기 자신과 타인을 더 깊이 이해하기 위한 도구로 활용할 수 있어야 합니다.

예를 들어 교육자라면 학생의 주된 동기를 이해했을 때 그들의 학습 의욕을 더 효과적으로 자극할 수 있을 것입니다. 물론 우리의 목표는 타인을 조종하는 것이 아닙니다. 서로를 더 깊이 이해하고 효과적으로 소통하며, 궁극적으로는 모두의 성장과 발전을 도모하는 것이어야 합니다.

다른 사람에게 영향을 미치는 데는 두 가지 방법이 있습니다. 첫째, 그가 원하는 것을 확실하게 들어주면서 내 말을 듣도록 만드십시오. 둘째, 내 말을 듣지 않으면 불이익을 확실하게 받는다는 것을 깨닫게 만드십시오.

그러나 냉정한 현실을 직시해야 합니다. 인간은 결국 자신의 이익을 위해 움직입니다. 칭찬? 그저 더 많은 것을 얻어 내기 위한 미끼일 수 있습니다. 인간관계는 결국 끊임없는 권력 게임일 수도 있습니다.

31
이십 년 걸려 쌓은 평판을 망치는 데는 오 분이면 충분하다

명성을 얻는 것 이전에 악평받게 될 일을 멀리하는 게 먼저다. … 현명한 사람들이 멀리하는 것을 굳이 마음에 품는 특이한 취향을 가진 사람들이 있다. 그들은 독특함을 추구하며 산다. 그것이 그들을 유명하게 만든다. 하지만 대개는 명성보다는 조롱의 대상이 된다.

우리 사회에서 평판은 눈에 보이지 않는 자산입니다. 잘 다뤄야 합니다. 평판은 도자기와 같습니다. 한번 깨지면 수리하기가 어렵습니다. 우리의 선택과 행동이 우리의 이미지를 형성하고, 그것은 우리의 미래에 지속적인 영향을 미칩니다.

현대 사회에서 '독특함'과 '개성'은 가끔 관심의 대상이 됩니다. "개성을 추구하는 것은 고립의 길"이라는 말도 있지 않습니까. 그러니 신중해야 합니다. 진정한 개성은 단순한 독특함이 아니라 자신의 본질을 깊이 이해하고 발전시키는 데서 나옵니다.

소셜 미디어 시대에 우리는 종종 '악명'과 '명성'을 혼동합니다. 일시적인 주목을 받는 것과 지속적인 존경을 받는 것은 다릅니다. 워런 버핏의 말을 새겨 보세요.

"평판을 쌓는 데는 이십 년이 걸리지만, 그것을 망치는 데는 오 분이면 충분하다."

명예를 그 무엇보다도 아끼는 사람들의 문제는 바로 그 명예를 너무나도 어처구니없이 쉽게 손상한다는 데 있습니다. 자기의 능력을 키우는 것은 늘 어렵습니다. 하지만 다른 사람의 명성에 흠집을 내는 것은 너무나 쉽습니다. 명예 회복을 이루는 회복탄력성도 동시에 갖춰야 할 이유입니다. 특히 명예의 절정에 이르렀을 때 무엇보다 겸손해야 합니다. 시기하고 질투하는 인간들이 나타나기 때문입니다.

현실을 인정해야 합니다. 사람들은 당신의 진짜 모습이 아닌, 당신이 보여 주고 싶어 하는 모습에만 관심을 가집니다. 살아남기 위해서는 때로는 가면을 써야 합니다.

평판 관리는 자신을 속이는 것이 아니라, 자신이 가진 최선의 모습을 일관되게 보여 주는 기술입니다. 진정성과 전략적 사고의 균형점을 찾는 것이 핵심입니다.

32
행운은 준비된 마음을 좋아한다

운 좋은 자는 곁에 두되 나쁜 자와는 멀리하라. 불운은 대개 어리석음에 대한 벌이다. 그런 벌을 받는 사람을 옆에 두는 건 전염병 걸린 사람을 곁에 두는 것과 같다. 아무리 하찮은 악惡이라고 하더라도 결코 곁에 받아들여선 안 된다. 그 하찮은 악에 문을 연 순간 더 큰 악들이 그 뒤를 슬그머니 따라 들어오기 때문이다.

운명과 행운에 대한 태도는 우리의 성공을 좌우합니다. 행운은 준비된 마음을 만났을 때 일어나기 때문입니다. 운은 단순한 우연이 아니라 우리의 선택과 판단의 결과입니다. "실패한 사람들로부터 배우라"는 조언을 듣기도 합니다만, 성공한 사람들의 패턴을 관찰하고 그들의 지혜를 따르는 것이 더 효과적입니다.

"당신이 탄 배가 잘못된 방향으로 가고 있다면, 바람이 순풍이라고 해도 도움이 되지 않는다"라는 말이 있습니다. 우리의 선택과 판단이 얼마나 중요한지를 강조합니다. 물론 우리가 위험을 완전히 피해야 한다는 의미는 아닙니다. 오히려 우리는 '계산된 위험'을 감수해야 합니다.

성공한 사람들의 패턴을 관찰하고, 그들의 지혜를 배우며, 동시에 우리 자신의 상황을 객관적으로 평가해야 합니다. "자신을 알고 적을 알면 백 번 싸워도 위태롭지 않다"라는 말도 있지 않습니까. 자신과 환경에 대한 정확한 이해야말로 진정한 '행운'의 열쇠일 것입니다. 굳이 잘못되어 가는 사람을 가까이하지 마세요.

"목적지가 없는 배는 순풍도 역풍도 없다"라고 생각하십시오. 어딘가를 가기로 작정해야 그 방향에 따라서 순풍, 역풍이 결정되지 않겠습니까. 매사에 대안 없이 불평하고, 남을 험담하고, 부정적 발언만을 일삼는 사람을 가까이 두면, 어느덧 자신도 그와 비슷한 사람이 된다는 것을 명심하세요.

하지만 다른 관점도 있습니다. 세상에서 가장 아름다운 이야기들은 모두 '운 나쁜' 사람들이 함께 만들어 갔습니다. 예수님은 병자들과 가난한 사람들과 함께했고, 간디는 억압받는 사람과 함께했습니다. 진짜 운이 좋은 사람은 어려운 사람들도 도와줄 수 있는 여유가 있습니다. 운을 전염병처럼 피하는 것은 그저 소심한 사람임을 말해 줄 뿐입니다.

결국 행운을 초대하는 법은 균형에 있습니다. 현명한 선택을 하되 타인에 대한 연민과 도움의 마음을 잃지 않는 것이 진정한 행운의 비결입니다.

33

타인은 자신의 모습을 비춰 주는 거울이다

당신의 반감을 다스려라. 우리는 종종 누군가에 대해 아무 것도 알지 못하면서도 먼저 혐오감을 품는다. 특히 이러한 저속한 혐오감은 위대한 인물들을 향한다. 분별력을 갖춘 사람은 이런 감정을 다스릴 줄 안다. 자신보다 뛰어난 사람 들을 싫어하는 것만큼 더 자기의 가치를 떨어뜨리는 건 없 다. 위대한 사람의 업적에 대해 진심으로 공감하는 태도는 우리를 더 나은 방향으로 이끌지만, 자신보다 잘난 사람을 시기하는 마음은 결국 우리 자신의 가치를 떨어뜨린다.

인간의 본성 중 하나는 빠르게 판단을 내리는 것입니다. 어쩌면 생존을 위한 본능적 반응이었을지 모르지만, 현대 사회에서는 우리의 성장을 방해하는 장애물로 작용합니다. 특히 누군가에 대한 성급한 판단이 문제입니다. 다른 사람을 아는 것은 지혜요, 자기 자신을 아는 것은 깨달음이라는 것을 간과한 태도입니다.

우리의 반감, 특히 나보다 뛰어난 사람들에 대한 반감은 종종 자신의 불안정함이나 열등감의 투영입니다. 칼 융은 "당신이 다른 사람에게서 짜증을 내는 것을 발견한다면, 그것은 당신 자신에 대한 이해로 이끄는 좋은 거울이 될 수 있다"라고 말했습니다. 이는 우리가 타인에게 느끼는 부정적 감정이 실은 자기 내면을 비추는 거울과 같다는 의미입니다.

반감을 극복하는 것은 단순히 그것을 억누르는 것이 아니라, 그 근원을 이해하고 건설적으로 대처하는 것을 의미합니다. 우리의 성장은 안에서부터 밖으로 이루어집니다. 다른 사람을 바꾸려고 하는 모습 대신 자신부터 바꾸는 노력이 필요한 이유입니다. '나'는 '우리'가 있기에 존재합니다.

'남에 대한 편견'은 결국 '다른 사람을 평가하려는 태도'에서 나옵니다. 남을 평가하려고 하지 않는 태도가 중요합니다. 흥미롭게도 타인을 향한 자신의 평가에 대해서는 조금도 의심하지 않는 사람도 자신은 늘 오해받는다고 생각합니다.

그런데 여기서 역설적인 진실과 마주하게 됩니다. 때로는 다른 사람에게서 받는 부정적 평가가 사실 우리 자신에 대한 객관적인 평가일 수 있습니다. 결국 객관적 평가라고 하는 것은 남이 보는 나이기 때문입니다. 이는 우리가 자신에 대해 가진 주관적 이미지와 타인이 보는 객관적 모습 사이의 간극을 보여 줍니다.

인간은 누구나 남을 쉽게 판단하고 매도하길 좋아합니다. 굳이 알아보려 노력하기보다, 편견이라는 안경으로 세상을 바라봅니다. 왜 그럴까요? 진정으로 다른 사람을 이해하려면 나의 한계와 부족함이 드러나는 불편한 진실과 마주해야 하기 때문입니다. 이는 그 무엇보다도 큰 스트레스입니다.

편견은 어떤 면에서 심리적 방어기제로 작용합니다. 복잡한 현실을 단순화하고, 자신의 자존감을 보호하는 역할을 하죠. 그러니 복잡한 인간관계에서 필요하다면 남 탓도 때로는 무죄일 수 있습니다. 하지만 이것이 성장의 기회를 놓치는 대가라는 점을 간과해서는 안 됩니다.

결국 타인에 대한 우리의 판단과 반감은 자기 성찰의 출발점이 될 수 있습니다. 다른 사람을 비판하고 싶은 순간, 한번 더 생각해 보는 것입니다. '이 감정은 정말 상대방 때문인가, 아니면 내 안의 무언가를 건드린 것은 아닌가?' 이렇게 성찰하는 태도는 우리를 더 성숙한 인간으로 만들어 갑니다. 타인을 있는 그대로 받아들이고, 동시에 자기 내면을 깊이 들여다보는 용기. 이것이야말로 편견의 벽을 넘어 진정한 인간관계로 나아가는 지혜가 아닐까요?

34
거절할 땐 희망을 남겨라

거절할 수 있어야 한다. 무작정 모든 사람에게 양보해서는 안 된다. 거절하는 법을 아는 것은 동의하는 법을 아는 것만큼 중요하다. 특히 높은 자리에 있는 사람들에게 더욱 그러하다. … 종종 어떤 이들의 '노'는 다른 이들의 '예스'보다 가치 있는 법이다. 금빛으로 가득한 '노'가 건조한 '예스'보다 더 만족스럽기 때문이다. … 그러하고 당신의 거절이 냉정하고 또 직설적일 필요는 없다. 거절할 때는 상대방이 크게 실망하지 않도록 시간을 두고 해야 한다. 또한 거절은 끝이라는 느낌을 주면 안 된다. 그건 당신에 대한 상대방의 의존성을 사라지게 하기 때문이다.

거절하는 능력은 개인의 자율성과 정체성을 유지하는 데 꼭 필요합니다. 비즈니스의 세계에만 해당하는 건 아닙니다. 예술도 마찬가지입니다. 예를 들어 예술가의 임무는 문제를 해결하는 것이 아니라 문제를 올바르게 제기하는 것이라는 말도 있습니다.

그러나 거절의 방식은 그 내용만큼이나 중요합니다. 우리의 행동은 세상을 더 나은 곳으로 만들기 위한 것이어야 하기 때문입니다. 거절할 때도 상대방의 감정과 상황을 고려해야 하며, 특히 희망을 남기는 것은 관계를 유지하는 데 중요합니다. 모든 것을 순간적으로 끝내 버리는 거절은 매우 위험합니다. 합리적인 사람이라면 상대방에게 무언가 희망을 남겨 두어야 합니다. '노'라고 말하는 것은 나의 변화와 혁신의 시작점이 될 수 있는 필요한 행동이지만, 누군가와의 관계를 단칼에 끊는 수단이어서는 곤란합니다.

이러한 원칙을 바탕으로 실제적인 거절의 기술을 살펴보면, 모든 사람의 친구가 되려는 사람은 아무도 친구를 가지지 못한다는 것을 알 수 있습니다. 때에 따라서는 제안을 거절해야 할 수도 있습니다. 상대방에게 모욕감을 주지 않으면서 거절하는 방법 중 하나는 거래가 성사되기 위해 지켜야 할 조건을 비교적 까다롭게 만드는 것입니다. 또한 상대가 싫어서가 아니라 자신이 부족해서 제안을 받아들일 수 없다는 느낌을 전달하는 것도 효과적입니다.

하지만 거절이 잘못 사용될 때의 위험성도 간과할 수 없습니다. 거절이 일종의 조작 도구로 변질할 수 있기 때문입니다. 특히 권력을 가진 위치에 있다면, 거절을 상대방을 통제하는 수단으로 사용할 수 있습니다. 때로는 '예스'라고 해주어 은혜를 베푸는 척하고, 때로는 모호한 '노'로 상대방을 불안하게 만드는 방식으로 말입니다.

35
성공할수록 다가서기 쉬운 사람이 돼라

다가서기 어려운 사람이 되지 말라. 진짜 맹수는 사람들이 밀집한 주변에서 산다. … 높은 지위에 오른 사람이 있다. 그는 자기의 위치에 오르기 위해 많은 사람의 환심을 사고자 노력했다. 그런데 그 자리를 얻고 나선 오히려 그 사람들을 불쾌하게 함으로써 자신의 노력을 보상받으려 한다. 높은 자리에 있을수록 사람들이 다가설 수 있도록 해야 함에도 그들은 교만, 그리고 악의 때문에 그렇게 하지 못한다. 이런 사람은 결국 벌을 받는다. 사람들은 그를 외면하고 오히려 관계를 끊는다. 그로 인해 스스로를 돌아보고 개선의 기회마저 잃게 된다.

인간은 본질적으로 사회적 존재입니다. 그리스의 철학자 아리스토텔레스도 "인간은 사회적 동물"이라고 말했습니다. 사교성은 단순한 친화력 이상의 의미를 지닙니다. 우리가 다른 사람들을 이해하려는 노력을 멈추는 순간, 우리는 인간이기를 포기하는 것이나 다름없습니다.

특히 지위나 권력으로 인해 오히려 고립되는 것은 위험합니다. 물론 혼자라는 것은 편안합니다. 고립은 어느 순간 우리에게 위안을 주기도 하지만 그 고립의 시간이 길어져서는 안 됩니다. 고립이 우리를 파괴할 수도 있기 때문입니다. 사회적 연결의 부재는 개인의 발전에 역행합니다.

사교성은 특히 리더십에 있어서 핵심 요소입니다. 또한 우리가 누군가와 함께 살아가는 방식이기도 합니다. 사교성은 단순히 친절하게 대화하는 것 이상을 의미합니다. 타인에 대한 진정한 관심, 열린 마음, 그리고 꾸준히 학습하는 자세를 포함합니다.

그렇다면 구체적으로 어떤 관계가 우리의 성장과 성공에 도움이 될까요? 인간관계에는 강한 유대와 약한 유대가 있습니다. 강한 유대는 가족, 친척이 대표적입니다. 이들은 우리에게 정서적 안정감과 무조건적 지지를 제공합니다. 반면 약한 유대는 두세 달에 한 번 정도 보는 사이입니다. 흥미롭게도 성공하는 사람들은 이 약한 유대관계를 잘 활용하는 사람들입니다.

사회학자 마크 그라노베터의 연구에 따르면, 새로운 기회나 정보는 오히려 약한 유대를 통해 더 많이 전달됩니다. 어려운 일이 생겼을 때 이런 사람들에게 자연스럽게 이야기하면, 의외의 도움을 받을 수 있습니다. 이들은 우리와 다른 네트워크에 속해 있어 새로운 관점과 기회를 제공하기 때문입니다.

그러나 현실적인 관점에서 이런 반박도 할 수 있습니다.

"사교성이 성공의 비결이라고요? 사교성보다는 자본력이 훨씬 중요한 시대 아닌가요? 돈이 있으면 혼자 살아도 아무 문제가 없습니다. 오히려 인간관계는 돈과 시간만 잡아먹는 골칫거리가 되기 쉽습니다."

이러한 시각도 일면 타당합니다. 현대 사회에서 경제적 자본의 중요성은 부인할 수 없습니다. 충분한 자본이 있다면 많은 문제를 혼자서도 해결할 수 있고, 때로는 복잡한 인간관계보다 효율적일 수 있습니다.

하지만 이는 이분법적 사고의 한계입니다. 자본력과 사교성은 상호 배타적인 것이 아니라 상호 보완적인 관계입니다. 실제로 가장 성공한 사람들을 보면, 뛰어난 전문성과 함께 폭넓은 인적 네트워크를 동시에 갖추고 있습니다. 궁극적으로 우리가 추구해야 할 것은 경제적 성공과 인간적 성장이 조화를 이루는 삶입니다.

36

유머를 품은 진지함이
소통의 촉매제다

항상 농담만 하지 마라. 계속되는 농담은 곧 다른 사람들의 흥미를 잃게 만든다. 농담은 '재치 있다'라는 평판을 얻을 수 있다. 하지만 그로부터 '분별력 없다'라는 평가도 받는다. 농담은 짧게 하라. 진지함이 나머지 모든 시간을 차지해야 한다.

유머는 인간 소통의 중요한 요소입니다. 그것은 분위기를 부드럽게 만들고, 관계의 긴장을 완화하며, 때로는 지식을 더 쉽게 전달하는 촉매제가 됩니다. 미국의 작가 마크 트웨인은 "유머는 인류 최대의 축복이다. 하지만 모든 좋은 것과 마찬가지로 가장 나쁜 것이기도 하다"라고 말했습니다.

이 말처럼, 유머는 잘만 사용하면 강력한 소통 수단이 되지만, 잘못 사용하면 신뢰를 해치는 무기가 될 수도 있습니다.

적절한 유머는 고도의 감성 지능을 요구합니다. 유머 감각은 단순히 재치를 뽐내는 것이 아니라, 상황을 파악하고, 상대의 감정을 헤아리며, 말의 경중을 조절하는 능력과 직결됩니다. 반대로 잘못된 유머, 과도한 농담, 또는 타인을 조롱하거나 희화화하는 유머는 자신의 어리석음을 드러낼 수 있습니다. "지성에는 한계가 있지만, 어리석음에는 한계가 없다"는 말처럼, 유머는 지혜롭게 다뤄야 할 도구입니다.

항상 진지한 말과 표정만 고수하는 사람은 주변에서 '재미없는 사람'으로 인식되기 쉽습니다. 반대로 모든 대화를 농담으로만 넘기려는 사람은 '가벼운 사람'이라는 인상을 줍니다. 유머러스한 사람에게 자연스레 호감이 생기는 건 사실이지만, 매사 농담으로 일관하거나 누군가를 비하하는 농담은 결국 부메랑처럼 돌아오게 마련입니다. 진지함과 유머는 상반된 감정이 아니라, 균형 있게 조화를 이뤄야 하는 삶의 두 축입니다.

지금은 콘텐츠 시대입니다. 정보를 전달하는 방식도 빠르게 바뀌고 있습니다. 예를 들어 임진왜란을 설명한다고 해 볼까요? 과거처럼 딱딱한 방식으로는 누구의 관심도 끌지 못합니다. 반면, 유튜버들이 역사 콘텐츠를 '밈'과 개그, 유머러스한 해설로 풀어내면 수십만 명이 구독합니다. 재미와 진지함이 함께 갈 때, 메시지는 더 멀리, 더 깊게 전달됩니다. 결국, 중요한 것은 '웃기기 위해 웃기는 것'이 아니라 '전달하기 위해 웃기는 것'입니다.

37

눈에 보이는 것을
있는 그대로 보는 것도 능력이다

정보를 얻는 데 주의를 기울여라. 우리는 타인에 대한 믿음으로 살아간다. 이때 귀는 정보의 진실 여부에 대한 작은 옆문이자, 거짓의 정문이다. 진실은 보일 뿐 들리는 경우가 드물다. 진실은 먼 곳에 올 때 순수한 정보 그대로 오기가 힘들다. … 당신을 칭찬하는 사람의 말도 주의해서 받아들여라. 비난하는 사람의 말 역시 조심해서 귀를 기울여야 한다. 자기 성찰을 통해 거짓인지 과장인지를 검증하라.

　정보 시대에 살고 있는 우리에게 정확한 정보의 중요성은 아무리 강조해도 지나치지 않습니다. 하지만 이때 가장 주의해야 할 것이 바로 우리의 선입견입니다. "우리가 보는 것은 우리가 찾는 것이다"라는 말처럼, 우리의 선입견이 정보 수집과 해석에 잘못된 영향을 미칠 수 있다는 점을 항상 유의해야 합니다.

정보의 신뢰성을 평가하는 능력은 현대 사회에서 필수적인 기술이 되었습니다. "소셜 미디어는 바보들에게 발언권을 주었다"라는 말이 있듯이, 정보의 풍요 속에서 오히려 진실을 찾기가 더 어려워질 수 있음을 의미합니다. 눈에 보이는 것을 있는 그대로 보는 것이 참 어려운 이유도 바로 우리의 협소한 판단력 때문입니다.

이러한 개인적 한계를 극복하기 위해서는 좀 더 체계적이고 통합적인 접근이 필요합니다. 빅데이터가 중요한 세상이지만, 더 중요한 것은 빅데이터를 정확하게 해석해 내는 능력입니다. 특히 리더는 눈에 보이는 것만 믿어서는 안 됩니다.

사람은 근본적으로 사물과 상황 전체를 볼 수 있는 능력에 한계를 가지고 있습니다. 그러므로 다양한 관점에서 경청해야 합니다. 보이는 정보와 들리는 소식을 종합적으로 해석하는 능력을 갖춰야 정보 활용을 현명하게 할 수 있습니다.

여기서 한 걸음 더 나아가 단순히 다양한 정보를 수집하는 것을 넘어서, 그 정보의 이면을 읽어 내야 합니다. 세상 사람들의 말과 행동 뒤에 숨은 이해관계를 읽어 내는 법을 배워야 교묘하게 포장된 거짓을 가려낼 수 있습니다.

물론 모든 것을 의심하고 불신하라는 뜻은 아닙니다. 다만 건전한 회의주의를 바탕으로 모든 정보의 출처와 동기를 파악하고, 말의 이면에 있는 실리를 찾아내는 것이 중요합니다. 이것이 정보가 넘쳐나는 복잡한 현대 사회에서 현명하게 살아가는 방법입니다.

38
모든 것을 다 알 필요는 없다

위대한 사람의 행동은 담대하다. 그는 결코 지나치게 세세한 것들을 캐내지 않는다. 누군가의 불쾌한 일에서는 더욱 그러하다. 모든 것을 아는 것은 중요하다. 하지만 모든 것에 대해 모든 것을 알 필요는 없다. … 모르는 척 넘어가는 것은 누군가를 다스림에 있어 중요한 부분이다.

세세한 것에 집착하지 않는 것은 큰 그림을 볼 수 있는 능력의 표현입니다. 거대한 조형물 또는 건물을 구상하는 건축가라면 더욱 그러할 것입니다. 세부 사항에 압도되지 말아야 합니다. 뒤로 물러서서 전체를 볼 줄 알아야 하는 것이지요. 사소한 것들을 넘어 더 큰 목표에 집중할 줄 알아야 합니다.

우리가 진정한 어른이 되고자 한다면 관대함이 필요합니다. 관대함을 어디서 베푸느냐고요? 멀리서 찾을 필요도 없습니다. 모든 사람은 자신의 영혼 속에 있는 '선'을 드러낼 수 있습니다. 오늘 나의 눈에 보인 누군가의 잘못을 용서하고 그들의 잠재적 선함을 믿는 것에서 시작하면 됩니다.

별것도 아닌 것에 대한 과도한 집착은 해롭습니다. 가끔은 세상을 단순화하고 필요하면 놓아줄 수 있는 것이 더 나은 결과를 가져올 수 있습니다. 타인을 존중하고, 큰 그림을 보며, 때로는 용서하고 넘어갈 줄 아는 능력이 필요한 이유입니다.

이러한 원칙의 실제 적용을 보여 주는 흥미로운 사례가 있습니다. 영국에 두 수상이 있었습니다. 두 사람에 대한 평가는 달랐습니다. 사람들이 한 수상과 대담하고 나오면 이렇게 말했습니다. "그분은 정말 똑똑한 분입니다. 대화 주제마다 모르는 것이 없더라고요." 또 다른 수상에 대한 평가는 달랐습니다. "그분하고 이야기하고 있으면 제가 정말 똑똑한 것처럼 느끼게 되더라고요."

누가 더 인기 있고, 누가 더 정말로 똑똑할까요? 답은 명확합니다. 후자의 수상이야말로 진정한 지혜를 보여 준 것입니다. 자신의 지식을 과시하기보다는 상대방을 존중하고 그들의 가능성을 끌어내는 능력이 바로 큰 그림을 보는 리더십의 핵심입니다.

그런데 여기서 중요한 질문이 제기됩니다. 세부적인 사항에 집착해야 하는 것은 아닐까요? 회계 부정, 성추행, 갑질 같은 문제도 사소한 것으로 여기다가 터지는 일들입니다. 관대함이라면서 눈감아 주면 그 틈에 더 큰 피해가 발생합니다. 모른 척하는 것은 관대함이 아니라 무책임입니다.

이 딜레마의 해답은 '선택적 집중'에 있습니다. 진정한 지혜는 무엇이 진짜 중요한 것인지를 구분하는 능력입니다. 큰 그림을 본다는 것은 모든 세부 사항을 무시한다는 뜻이 아니라, 어떤 세부 사항이 전체에 치명적 영향을 미칠 수 있는지를 판단하는 것입니다.

39

진실보다 더 진실처럼 보이는 힘

사물은 그것의 본질이 아니라 세상에 보이는 대로 받아들여진다. 내면을 보는 사람은 적다. 대부분은 겉만 보고 판단한다. 아무리 옳은 것이라고 할지라도 그것이 거짓되고 또 나쁘게 보인다면, 거짓이고 나쁜 것이다.

진실과 외양의 관계는 오랫동안 철학자들과 사상가들의 주요 관심사였습니다. 고대 그리스의 철학자 플라톤은 《동굴의 비유》를 통해 우리가 보고 있는 것이 실재가 아니라, 단지 그것의 그림자일 수 있음을 경고했습니다. 진실은 때로 눈에 보이지 않고, 우리가 인식하는 세계는 조작되거나 왜곡된 환영일 수 있다는 것이죠.

비슷한 맥락에서 아프리카 속담에는 "옷이 사람을 만들지 않는다"라는 말이 전해집니다. 사람의 본질은 외모나 겉치레에 있지 않다는 지혜입니다. 그러나 역설적으로 우리는 외양의 힘을 무시할 수 없습니다. 세상은 종종 진실보다 더 그럴듯하게 포장된 이야기에 쉽게 흔들립니다.

진실의 본질보다 그것을 어떻게 전달하느냐가 강력한 힘을 발휘할 때가 많습니다. "가장 어두운 곳은 등불 밑"이라는 말처럼, 진실은 때로 가장 명백해 보이는 자리에서 은폐되기도 합니다. 우리는 표면적인 것에 현혹되지 않고 내면을 꿰뚫어 보려는 노력이 필요합니다. 외양을 보되, 내면에도 귀를 기울이는 태도가 중요합니다.

이 문제는 단지 철학이나 이상론에만 머무르지 않습니다. 실제 사회에서도 '진실'보다 '진실처럼 보이는 것'이 더 결정적인 역할을 하곤 합니다. 예컨대, 법정에서 다투는 변호사들에게 진실을 말하는 것보다 더 중요한 것은 진실을 말하는 것처럼 보이는 것입니다. 아무리 사실을 말해도, 그것이 설득력 없이 전달된다면 아무런 힘을 갖지 못합니다. 정치인의 세계도 마찬가지입니다. 마키아벨리는 "정치는 이미지다"라고 했습니다. 실제보다 더 중요한 것은 어떻게 보이느냐입니다.

결국, 우리는 이런 현실 앞에서 씁쓸한 감정을 느낄 수밖에 없습니다. 우리의 정당성이나 선의가 누구에게도 중요하지 않은 것처럼 느껴질 때, 허탈함마저 듭니다. 그러나 세상의 이면을 들여다보면, 안타깝게도 이렇게 말할 수밖에 없습니다.

"진실만으로는 부족할 때가 있다. 진실보다 더 진실처럼 보이는 기술을 익혀야 살아남는다."

40
다섯 손가락의 길이가
모두 같은 건 아니다

사람마다 취향은 다른 법이다. 그러니 누군가 당신을 좋아하지 않는다고 해서 실망할 필요는 없다. 또 다른 누군가는 당신을 높이 평가할 것이기 때문이다. 누군가의 박수갈채에 들뜨지 말라. 또 다른 누군가는 당신을 비난할 테니 말이다. … 찬사를 받고 싶은가. 그렇다면 그 분야의 전문가로부터 인정받아야 한다.

인간 사회의 다양성은 종종 이해와 갈등의 원천이 됩니다. 사람마다 성장 배경과 사고방식, 삶의 목표가 달라서 의견 충돌은 피할 수 없습니다. 프랑스의 철학자 볼테르는 "나는 당신의 의견에 동의하지 않지만, 당신이 그것을 말할 권리를 위해 목숨을 바치겠다"라고 말했습니다. 이 말은 다양성을 존중하면서도 자신의 신념을 지키는 균형의 중요성을 잘 보여 줍니다.

아랍의 속담에 "한 손으로는 손뼉 칠 수 없다"라는 말이 있습니다. 이는 인간관계가 상호 존중과 이해를 바탕으로 이뤄져야 한다는 의미입니다. 다섯 손가락이 모두 같은 길이가 아니듯, 모든 사람의 생각이 같을 수는 없습니다. 물론 어느 경우에는 현명한 사람들의 의견이 무지한 대중의 수보다 더 중요할 때도 있는 법입니다. '다름'을 모두 같은 가치로 볼 수 없는 상황도 분명히 있다는 말입니다. 그런데도 다양한 의견에 대한 관용과 열린 태도는 성숙한 사회를 위해 필요합니다. 다른 의견을 존중하면서도 자기 판단력을 길러 가는 능력이 우리에게는 요구됩니다.

현실은 이처럼 이상적이지만은 않습니다. 독일의 철학자 헤겔은 "인류의 역사는 인정투쟁의 역사다"라고 말했습니다. 사람들은 인정받기 위해 끊임없이 경쟁하고, 그 과정에서 갈등이 생기기도 합니다. 누구나 인정받고 싶은 마음은 있지만, 더 중요한 것은 남을 인정해 주는 태도입니다. 공자도 《논어》에서 "세상이 나를 몰라준다고 섭섭해하지 말라. 내가 혹시 다른 사람을 인정해 주지 않는 것은 아닌지를 염

려하라"라고 말했습니다. 이는 참된 관계의 출발점은 나 자신에게 있다는 점을 일깨워 줍니다.

그러나 우리는 착하게 살면서 남을 인정해 주다가 오히려 상처받는 사람들도 자주 봅니다. 현실에서는 '인정 투쟁'에서 이기는 사람이 더 많은 박수갈채를 받고, 더 큰 목소리를 내게 되는 일이 흔합니다. 때로는 힘 있는 자의 목소리가 정의보다 우선하는 듯 보이기도 합니다. 이런 사회 속에서 다양성 존중은 여유 있는 사람들만이 할 수 있는 사치처럼 여겨질 때도 있습니다. 그렇기에 우리는 비록 인정 투쟁의 현실에 살고 있지만, 그 속에서도 다양성과 존중, 그리고 올바른 판단력을 잃지 않으려고 노력해야 합니다.

41
권위는 지위가 아닌 인격에서 나온다

당신의 지위를 과시하지 마라. 잘난 체하는 건 미움을 받는 지름길이다. 존경이란 추구하면 추구할수록 덜 얻게 되는 법이다. 존경은 오직 타인의 의견에 달린 것이다. … 충분한 품위를 유지하라. 존경을 강요하지 말라. 존경은 스스로 만들어 내는 것이다. 자기 직위의 품위를 고집하는 사람들은 그들이 그것을 받을 자격이 없음을 드러낼 뿐이다. 가치 있는 사람으로 받아들여지기를 원한다면 당신의 탁월한 재능을 통해 그것을 증명하라. 왕이라고 할지라도 그들의 지위보다는 개인적 자질로 존경받아야 한다.

진정한 권위는 지위나 직함에서 나오는 것이 아닙니다. 나이로부터 주어지는 것도 아니고요. 그렇다면 진정한 힘은 어디에서 오는 걸까요. 겸손에서 옵니다. 겉으로 보이는 권력이 아닌, 내면에서 우러나오는 겸손함이 오히려 타인으로부터 더 큰 존경을 이끈다는 의미입니다. 자기 지위를 과시하려는 태도는 종종 역효과를 부릅니다. 말만 요란한 빈 깡통처럼, 실속 없이 떠들기만 하는 사람은 진짜 신뢰를 얻기 어렵습니다. 오히려 진정한 실력과 인격을 갖춘 사람일수록 조용하고 담백합니다. 그들은 굳이 자신을 드러내지 않아도, 그 존재감만으로도 주변의 존경을 이끌어 냅니다.

존경은 강요한다고 얻어지는 것이 아닙니다. 우리가 통제할 수 없는 것은 타인의 생각, 말, 행동입니다. 아무리 애쓴다고 해서 누군가가 나를 억지로 존경하도록 만들 수는 없습니다. 대신 내가 통제할 수 있는 것은 단 하나, 나 자신의 행동과 태도입니다.

내가 성실하게 실력을 쌓고, 진심으로 겸손하게 행동한다면, 결국 세상은 언젠가 나를 알아볼 것입니다. 존경받고 싶다면, 존경받을 만한 사람이 되면 됩니다. 조급해하지 말고, 나 자신을 다듬는 일에 집중하면 됩니다.

하지만 문제는 현실입니다. 안타깝게도 겸손한 사람이 오히려 '호구'로 취급받기 쉬운 사회에 우리는 살고 있습니다. "빈 깡통이 요란하다"라는 말이 있지만, 실제로는 그 요란한 깡통들이 사람들의 주목을 받고, 높은 자리에 오르는 모습도 자주 보게 됩니다. 실력과 인격이 있어도 조용한 사람은 묻히고, 자기 PR에 능한 사람이 성공하는 아이러니한 장면, 익숙하지 않나요?

어쩌면 세상은 여전히 겉모습과 목소리의 크기에 휘둘리고 있는지도 모릅니다. 그러나 우리가 어떤 가치를 선택할지는 결국 나의 몫입니다. 진정한 권위는, 타인의 평가에 기대지 않습니다. 그것은 내가 나의 방식으로 살아 내는 태도에서 비롯됩니다. 겸손은 약함이 아니라, 진짜 강함입니다. 그 강함이 쌓이면, 마침내 존경은 스스로 따라오게 되어 있습니다.

42
타인을 향한 비난은
자신을 돌아보게 만든다

비난하지 마라. 모든 것을 잘못됐다고 여기는 사람들이 있는데 이들은 우울한 본성을 지녔다. 그들은 모든 것을 비난한다. 이들은 타인이 했던 일을, 타인이 할 일을 모두 비난한다. 그것도 과장되게 비난한다. 아무리 작은 티끌과 같은 잘못도 눈을 찌를 수 있는 들보로 만든다. 그런 사람들은 천국조차 감옥과 같이 만들어 버린다. … 마음이 착한 사람은 타인의 실패를 감쌀 줄 안다. 타인의 잘못에 비난할 만한 문제가 있다고 하더라도 "그것은 단지 실수한 것이다"라고 말할 줄 안다.

타인을 비난하는 습관은 개인은 물론 사회 전체에도 해로운 영향을 미칩니다. 불교의 가르침에는 이런 말이 있습니다.

"다른 이의 잘못을 찾기보다 자신의 의무를 다하라."

비난보다는 자기 성찰에 집중하라는 뜻입니다. 사실 우리가 타인을 비난하는 이유는, 종종 그 사람에게 문제가 있어서라기보다, 자기 내면에 쌓인 불만과 결핍을 투사하는 경우가 많습니다. 사람들이 당신을 비난한다면, 그것은 당신이 그들의 기준에 맞지 않아서가 아니라, 그들이 자기 자신의 기준에 맞지 않기 때문입니다.

비난은 쉽게 관계를 망치고, 생산적인 대화를 가로막습니다. 아랍에서 전해지는 속담은 이렇게 경고합니다.

"비난의 손가락을 다른 사람에게 향할 때, 나머지 세 손가락은 자신을 가리키고 있다."

결국 타인을 향한 비난은, 자신을 돌아보게 만드는 거울이기도 합니다. 무조건적인 비난보다 더 중요한 것은 이해와 공감의 자세, 그리고 진정으로 변화와 개선을 이끌어 낼 수 있는 소통입니다.

그렇다고 해서 모든 비난이 나쁜 것은 아닙니다. 비난이 꼭 필요할 때도 있지만 공개적으로 누군가를 비난하는 일은 위험한 선택입니다. 지적할 일이 있다면, 그 사람에게 조용히 말하는 것이 좋습니다. 제삼자에게 험담을 늘어놓는 순간, 그 이야기는 반드시 당사자의 귀에 들어갑니다.

우리는 누구나 뒷담화를 할 수밖에 없는 순간을 맞이하곤 합니다. 하지만 기억하세요. 그 사람이 눈앞에 있어도 꺼낼 수 있을 정도로만 말하는 것, 그것이 비난할 때 지켜야 할 최소한의 예의입니다.

그렇다면 모든 비난을 자제해야 할까요? 꼭 그렇지는 않습니다. 복잡하고 불투명한 현대 사회에서, 누군가의 잘못을 묵인하거나, 겉으로만 착한 척하며 문제를 덮는 것은 진짜 선량함이 아니라 무사안일주의입니다. 때로는 냉정한 비판과 엄정한 책임 추궁이 더 나은 공동체, 더 정의로운 세상을 만드는 첫걸음이 되기도 합니다.

중요한 것은 비난의 방식과 목적입니다. 감정을 쏟기 위한 비난은 상처만 남기고, 변화를 이끌어 내기 위한 비난은 진정한 용기가 필요합니다.

43
적을 친구로 만드는 방법은 그에게 부탁하는 것이다

호의를 얻어야 한다. 어리석은 사람들은 자신의 성취만 믿을 뿐 그 성취를 위한 타인의 은혜를 소홀히 한다. 현명한 사람은 타인의 은혜 없이 그 어떤 일도 어렵다는 걸 안다. … 호의는 모든 것을 쉽게 이루어지게 한다. 호의를 베푸는 것만으로 호의를 베푸는 사람에게 용기가 있음을, 열정이 있음을, 지식이 있음을, 심지어는 신중함이 있음을 보여 주는 셈이다. 호의를 베푸는 사람에게 결점을 찾으려는 사람은 없다. 결점이 있다고 하더라도 굳이 보려고 하지 않는다.

호의는 인간관계의 윤활유이자 성공의 열쇠입니다. 미국의 외교관이자 작가인 벤저민 프랭클린은 이 원칙을 깊이 이해하고 실천한 인물이었습니다. 그는 "적을 친구로 만드는 방법은 그에게 진심으로 부탁하는 것이다"라고 말했습니다. 사람들이 자신을 존중한 대상에게 더 긍정적인 감정을 갖게 된다는 심리학적 원리를 잘 알고 있었던 것이죠.

실제로 그는 정치적 적대 관계에 있던 인물들에게 책을 빌려 달라고 부탁함으로써 그들의 호의를 이끌어 냈고, 이를 계기로 관계를 개선했다고 합니다. 부탁은 단순히 무언가를 요청하는 행위가 아니라, 상대방에게 신뢰와 존중을 표현하는 방법이기도 합니다. 도움을 받는 사람보다 주는 사람이 더 큰 만족을 느낀다는 연구 결과도 있습니다. 도움을 요청하는 것은 상대방의 능력을 인정하는 동시에, 그가 우월감이나 만족감을 느낄 기회를 주는 일이기도 합니다. 그렇기에 진심 어린 부탁은 인간관계의 문을 여는 열쇠가 될 수 있습니다.

여기서 중요한 전제가 하나 있습니다. 진정한 호의를 얻기 위해서는 먼저 자신을 돌아보고 개선하려는 노력이 필요합니다. 모든 사람은 세상을 바꾸고 싶어 하지만, 정작 자신을 바꾸려는 사람은 드뭅니다. 진실한 관계는 외적 친절만으로는 유지되지 않으며, 자신을 성장시키고 타인에게 진심을 보여 주려는 노력이 바탕이 되어야 합니다.

한편으로 호의에는 역설적인 그림자도 존재합니다. 호의가 반복되면 당연한 것으로 여겨지고, 결국 권리처럼 인식되기도 합니다. "호의가 계속되면 권리인 줄 안다"는 〈부당거래〉라는 영화 속 대사처럼 말이죠. 실제로 직장에서 동료들을 도와주다가 남의 일까지 떠맡게 되거나, 친구에게 돈을 빌려줬다가 관계가 어그러지는 일은 흔하게 벌어집니다.

호의는 분명 관계를 좋게 만드는 힘이지만, 그것이 과해져 '만만함'으로 비치거나, 상대가 책임감 없이 받아들이게 해서는 안 됩니다. 그래서 때로는 호의를 조절할 줄 아는 지혜도 필요합니다. "그 사람 제가 그렇게 도와줬는데, 고맙다는 말 한마디 안 해서 인간관계를 끊었다"라고 말하는 어리석은 사람이 있습니다. 하지만 우리는 이렇게 말할 수 있어야 합니다. "저에게 당신을 도울 기회를 주셔서 고맙습니다." 그렇게 말할 수 있을 때, 우리는 진짜 강한 사람이고, 진짜 좋은 관계가 유지됩니다.

44
비가 올 때는 지붕을 수리할 수 없다

잘나갈 때 겸손하고 어려울 때를 준비하라. 여름철에 겨울을 지낼 식량을 모아야 하는 것이다. 잘나갈 때는 친구가 많다. 그 친구들을 잘 관리하라. 어려움이 닥치게 되면 돈도 많이 들고 도와줄 사람도 줄어들기 때문이다. 잘나갈 때 당신에게 친근하면서도 의무감 있는 사람들에게 잘해야 한다. 곧 그들의 가치가 당신에게 큰 역할을 할 날이 온다. 현명하지 못한 사람은 친구를 관리할 줄 모른다. 잘나갈 때 친구들을 무시하는데, 결국 어려울 때 친구들의 도움을 받지 못한다.

번영의 시기에 역경을 대비하는 것은 고대부터 전해져 내려오는 변함없는 지혜입니다. "오늘 할 수 있는 일을 내일로 미루지 말라"는 격언은 단순한 시간 관리의 조언이 아닙니다. 이는 불확실한 미래를 대비하라는 오래된 경고입니다.

햇살 좋은 날, 지붕을 고쳐야 합니다. 비가 쏟아질 때는 늦습니다. 모든 것이 평화롭고, 안정되어 보일 때야말로 가장 경계해야 할 순간입니다. 성공의 기세에 안주하지 말고, 그 시기에 내공을 다지고, 인간관계를 정비하며, 위기를 예측하는 시간으로 삼아야 합니다.

위기의 순간에 버팀목이 되어 줄 사람들은 하루아침에 생기지 않습니다. 진심으로 신뢰할 수 있는 친구와 동료를 지금부터 만들어야 합니다. 그러나 현실은 이상과 다릅니다.

영국의 정치철학자 토머스 홉스는 《리바이어던》에서 말했습니다.

"평화를 달성할 수 없다면, 전쟁에서 이기기 위한 어떤 수단이라도 써야 한다."

그의 말처럼 인간은 본능적으로 생존을 위한 투쟁 상태에 놓여 있으며, 진정한 승부는 평화로워 보이는 때, 즉 겉으론 조용하지만, 속으론 경쟁이 치열한 시기에 이미 벌어지고 있는 셈입니다.

기업 경영도 마찬가지입니다. 불황일 때 투자하는 기업이 호황기엔 독주합니다. 사람도 마찬가지로 할 일이 없어

보이는 그 시점이 바로 가장 바쁘게 내공을 쌓아야 할 시기입니다. 고요할 때 움직이는 자가, 진짜 위기에서 웃을 수 있습니다.

마지막으로, 이 모든 준비 중 가장 어려운 것은 사람에 대한 냉정함입니다. 경쟁 가득한 자본주의 사회에서, 특히 당신이 '회사'라는 전쟁터에서 살아가는 직장인이라면, 때로는 가장 친근한 얼굴이 가장 먼저 당신을 배신할 수 있다는 사실을 잊지 마십시오.

45
결점에 익숙해지는 태도가 우선이다

가까운 사람의 단점에 익숙해져라. 마치 처음엔 못생겨 보이던 얼굴도 자꾸 보다 보면 익숙해지는 것처럼 말이다. 우리가 서로에게 의지하며 살아간다면, 이건 꼭 필요한 태도다. 함께 지내기 힘들 때도 있지만, 정작 그 사람들 없이는 살 수 없는 경우가 많다. 그래서 현명한 사람은 억지로 바꾸려 하지 않고, 그냥 익숙해지는 길을 택한다.

인간관계에서 타인의 결점을 받아들이는 것은 성숙한 어른의 태도입니다. 누구나 불완전하게 태어났고, 완벽한 사람은 존재하지 않습니다. 그러므로 타인의 부족함을 인정하는 것은 인간에 대한 깊은 이해에서 비롯된 자연스러운 자세입니다.

하지만 그 불완전함에 굴복하거나, 그것만을 바라보며 관계를 단정 짓는다면 건강한 관계를 유지하는 데 장애가 될 수 있습니다. 중요한 건 결점을 인식하면서도 그것에만 초점을 맞추지 않는 균형 잡힌 접근입니다. 친구의 결점을 견디지 못하는 사람은 결국 친구를 잃게 됩니다. 지속적인 관계는 상호 이해와 수용, 그리고 적절한 거리 조절을 바탕으로 유지됩니다.

친구를 사귈 때는 그 사람의 장점부터 보려고 노력해야 합니다. 단점부터 들여다보는 습관은 사람을 멀어지게 만들고, 평생 외로움 속에 머무르게 할 수 있습니다. 타인의 결점을 먼저 찾는 사람은 결국 자신조차도 누군가에게 결점으로만 보일 수 있음을 잊지 말아야 합니다.

물론 모든 결점을 무조건 감싸 안아야 한다는 뜻은 아닙니다. 현명한 사람은 자신에게 지속해서 해가 되는 사람과는 과감하게 거리를 둘 줄 압니다. 인생은 너무 짧고 소중합니다. 나를 지치게 하고 독이 되는 사람에게 시간을 허비할 여유는 없습니다.

중요한 건 '결점'이 아니라 그것을 대하는 '우리의 태도'입니다. 타인의 결점을 무조건 감내하지도, 무작정 배척하지도 않고, 필요할 땐 경계를 설정하며, 가능할 땐 변화의 기회를 열어 주는 것이 성숙한 인간관계에서 중요합니다. 우리가 한 개인을 있는 그대로 받아들일 때, 오히려 그 사람은 변화할 용기를 얻을지도 모릅니다. 타인과 자신의 불완전함을 동시에 인식하되, 그런데도 서로를 존중하고 이해하려는 노력이야말로 계속 이어지는 관계의 시작입니다.

46
매너가 사람을 만든다

"매너(예의)가 있다"라는 말을 들어야 한다. 매너는 지나친 것이 부족한 것보다 낫다. … 매너는 적은 노력으로 큰 성과를 얻어 내는 도구다. 좋은 매너를 통해 상대방을 존중할 때 매너를 보여 준 자신 역시 존중 받는 법이다.

예의는 인간관계의 근간이며 성공에 중요한 요소입니다. 이런 신념을 삶 속에서 실천한 대표적인 인물이 영국의 정치인 윈스턴 처칠입니다. 그는 정치적 견해가 달랐던 사람들에게조차 예의를 지키는 것으로 유명했습니다.

예를 들어, 그는 자신의 정적인 클레멘트 애틀리에 대해 "겸손할 이유가 많은 사람"이라고 농담하며 풍자했지만, 동시에 그의 정직성과 애국심만큼은 솔직하게 인정했습니다.

이러한 처칠의 태도는 정치적 대립을 넘어서 상호 존중의 문화를 만들었고, 결과적으로 영국 정치에 긍정적인 영향을 끼쳤습니다.

하지만 예의란 단순히 규범을 지키는 문제가 아닙니다. 예의는 타인에 대한 깊은 이해와 배려의 표현이며, 상대방과 나 자신 모두가 편안해지기 위한 인간적 장치입니다. 예의는 위선적인 겉치레가 아니라, 내면의 태도와 연결되어 있습니다.

어떤 사람이 '예의 있는 사람', 즉 진정한 '군자'인지 알고 싶다면, 그 사람과 함께 있어 보세요. 이유 없이 마음 편안해지고 배려를 느끼게 된다면, 그 사람이 바로 군자일 가능성이 큽니다.

여기서 한 가지 주의할 점이 있습니다. 예의는 필요하지만, 지나치면 오히려 '만만한 사람'으로 보이기 쉽습니다. 상대를 존중하는 마음이 나를 희생하는 방식으로 표현되면, 업무나 책임이 과도하게 떠맡겨질 수 있습니다. 예의는 분명 가치 있는 태도지만, 자신의 한계를 넘어서면서까지 지킬 필요는 없습니다.

47
친절은 성숙한 마음의 표현이다

미움받지 말라. … 일단 미움을 받게 되면 그건 나쁜 평판처럼 없애기가 어렵다. 사람들은 현명한 사람을 경외하고, 악담하는 사람을 혐오하며, 오만한 사람을 경멸하고, 광대들을 멸시하며, 괴짜들을 무시한다. 그러니 존경받고자 한다면 먼저 존경을 표하라.

친절함과 부드러운 마음이 세상을 변화시키는 법입니다. 미움을 피하면서 한편으로 호감을 얻는 가장 효과적인 방법은 타인에 대한 친절과 이해인 것이죠. 우리가 서로를 어떻게 대하느냐가 결국 우리가 어떤 사람인지를 정의합니다. 이때 중요한 것이 있습니다. 각자의 차이를 존중함으로써 비로소 서로가 풍요롭게 됨을 받아들여야 한다는 점입니다. 다양성을 인정하고 존중하는 태도가 미움을 피하고 조화로운 관계를 맺게 합니다.

한때《미움받을 용기》라는 제목의 책이 인기를 끌기도 했습니다. 물론 자신을 잃지 않고 살아가겠다는 목소리는 의미 있었지만, 굳이 미움을 사야 할 이유는 없습니다. 사람들과의 관계에서 최소한의 갈등을 줄이고 싶다면, 단순히 '미움받지 않기'에 머무를 것이 아니라 '호감 받는 사람'이 되도록 노력해야 합니다.

호감을 얻기 위해 가장 중요한 덕목은 바로 친절입니다. 사람들은 종종 배려와 친절을 혼동합니다. 하지만 배려는 주로 자신보다 약한 사람에게 향하지만, 친절은 약자뿐 아니라 강자에게도 베푸는, 좀 더 적극적인 태도입니다. 친절은 상대의 지위나 상황과 관계없이 누구에게나 발휘될 수 있는 성숙한 마음의 표현입니다.

물론 세상에는 '호감'을 포기하고 오히려 미움을 감수하면서도 자신의 길을 선택한 사람들도 있습니다. 도널드 트럼프나 일론 머스크 같은 인물들이 그렇습니다. 이들은 종종 독선적이고 오만하다는 평가를 받지만, 강력한 성과와 영향력을 통해 결국 성공한 인물로 자리매김했습니다. 이 사례는 '모두에게 호감을 받을 수는 없다'라는 현실을 일깨위 줍니다.

　결국 중요한 것은 불필요한 갈등을 만들지 않고, 친절과 존중을 통해 신뢰를 쌓아 가는 일입니다. 위대한 인물들은 고통과 손해를 감수하면서도 용서와 화해로 상대에게 다가갔습니다. 그런 부드러움 속의 단단함이야말로 오래도록 존경받는 사람들의 공통된 특징입니다.

48
남을 평가하는 순간,
나에 대한 평가도 시작된다

블랙리스트 그 자체가 되지 마라. 타인의 불명예에 관심 두는 것은 자신의 이름이 더럽혀졌다는 징후다. 어떤 이들은 타인의 오점으로 자신의 오점을 숨기거나 적어도 씻어 내고자 한다. 그들은 그 안에서 위안을 찾는데, 그것은 바보들의 위안이다. 온 마을의 스캔들이 모이는 하수구와 같은 자리에 있는 사람의 입에선 악취가 난다. 더러운 문제들을 파헤칠수록, 더 자신을 더럽히는 것이다. 결점의 기록자가 되는 것을 피하라.

타인의 결점이나 실수에 집중하지 않는 태도는 고귀한 품성의 표현입니다. 남의 잘못을 들춰내며 기분 좋다고 느끼는 것은 자신의 저열함을 드러내는 행위에 불과합니다. 미국의 언론인 월터 크롱카이트는 타인의 결점에 어떠한 태도를 지녀야 하는지 잘 보여 주는 인물입니다. '앵커'라는 개념을 정립하며 '뉴스의 아이콘'으로 불렸던 그는, 평생을 객관적이고 공정한 보도를 위해 노력했습니다. 크롱카이트의 철학을 요약하면 이러합니다.

"우리의 직업은 진실을 전달하는 것이지, 판단하는 것이 아니다."

이 말은 단지 뉴스 보도에만 국한되지 않습니다. 우리 역시 일상에서 타인의 결점을 들춰내기보다는, 사실에 충실하고 공정한 시각을 유지해야 합니다. 다른 사람을 섣불리 판단하거나 평가하지 않는 태도는 결국 나를 지키는 일이기도 합니다. 왜냐하면 내가 남을 평가하는 순간, 그들도 나에 대한 평가를 시작하기 때문입니다. 그 결과는 충돌과 불신일 수밖에 없습니다.

물론 모든 상황에서 무조건 타인의 단점을 외면하라는 뜻은 아닙니다. 경쟁이 필요한 상황에서는 상대방의 약점과 문제점을 정확히 파악하는 것이 전략적으로 유리할 수 있습니다. 정보는 곧 권력이기 때문입니다. 그러나 이때에도 중요한 것은 '어떻게 바라보는가'입니다. 상대를 깎아내리고자 하는 목적이 아니라, 나의 성장과 발전을 위한 분석이어야 합니다.

우리는 모두 불완전하며, 실수를 저지릅니다. 그렇기에 타인의 결점을 지적하기에 앞서 자신의 부족함을 먼저 인식해야 합니다. 타인의 장점에 집중하는 연습을 하다 보면, 그들의 단점은 점차 무의미해질 것입니다. 비난보다는 격려를 보내고, 단점보다는 가능성을 보는 눈을 가질 때, 인간관계는 더욱 성숙해지고 우리의 시야도 넓어집니다.

49

천천히 걸어가지만 뒤로 가지는 않는다

타인의 도움이 필요하지 않을 만큼 완벽한 사람은 없다. 누구의 말도 듣지 않으려는 사람은 구제 불가능한 바보다. 아무리 뛰어난 지성인이라도 자신에게 우호적인 조언을 받아들일 자리는 마련해 두어야 한다. 누군가 접근하는 걸 막아 뒀기에 자기의 잘못을 고치기 힘든 사람이 있다. 그들의 잘못을 고칠 수 있을 만한 사람을 거부했기에 결국 파멸에 빠진다. … 친구라면 부끄러움 없이 자유롭게 조언하고, 필요하면 심하게 꾸짖을 수 있어야 한다. 자신의 오류를 바로잡아 주는 진정한 거울이 되어 주는 친구가 있다면 그에게 감사해야 한다.

다른 사람의 의견을 경청하고 수용하는 능력은 뛰어난 리더십의 핵심입니다. 에이브러햄 링컨은 '팀 오브 라이벌즈 Team of Rivals'라는 내각을 구성하여 자신과 다른 의견을 가진 사람들의 조언을 적극적으로 구했습니다.

링컨의 유명한 말이 있습니다. "나는 천천히 걸어가지만, 결코 뒤로 가지는 않는다."

이는 신중하게 다양한 의견을 듣고 고려하겠다는 겸손한 태도를 보여 줍니다. 겸손한 자세로 배우려는 마음을 가졌기에 그는 항상 성장할 수 있었을 것입니다. 우리가 다른 사람으로부터 배울 준비가 되어 있어야 하는 이유입니다.

그런데 이것이 참 어렵습니다. 특히 나와 비슷한 처지의 누군가에게 배우는 것은 더욱 그렇습니다. 그런데도 "우리는 두 개의 귀와 하나의 입을 가지고 있다. 그래서 우리는 말하는 것보다 두 배로 들어야 한다"라는 격언처럼, 나와 다른 누군가의 의견을 수용하는 자세를 가져야 합니다.

여기서 중요한 점은 타인의 의견에 귀를 기울인다는 것이 자기 결단력 부족을 정당화하는 수단이 되어서는 안 된다는 것입니다. 진정한 리더십은 경청과 결단력 사이의 섬세한 균형에서 나옵니다.

링컨이 바로 이런 균형의 모범을 보여 줍니다. 그는 다양한 의견을 들었지만, 결국 자신의 신념에 따라 결정했습니다. 노예제 폐지 역시 주변의 강력한 반대를 무릅쓰고 밀어붙였습니다. 그는 다른 사람의 목소리에 귀를 기울이되, 남의 말만 듣느라 자신의 목소리를 잃지는 않았습니다.

때로는 혼자서도 확신을 지니고 나아가는 것이 인생에 필요한 용기입니다. 진정한 리더는 열린 마음으로 경청하되, 마지막 순간에는 자신의 양심과 신념에 따라 결단을 내리는 사람입니다. 이것이야말로 겸손함과 용기를 동시에 갖춘 성숙한 리더십의 모습이라 할 수 있습니다.

50
말하기는 씨앗을 뿌리는 것이고, 경청은 거두는 것이다

대화의 기술을 갖춰라. 대화는 당신의 잃고 얻음을 결정한다. 문서로 하는 대화에 불과한 편지를 쓰는데도 조심해야 하는데, 즉각적인 지성을 발휘해야 하는 대화라면 그 얼마나 많은 주의가 기울여져야 하는가! 세상은 당신의 혀만으로도 영혼의 흐름을 알아챈다. 현자賢者의 말을 기억하라. "말하라. 그러면 내가 너를 알게 되리라!"

효과적인 대화 능력은 개인의 성공과 인간관계에 결정적인 역할을 합니다. 대화는 단순히 정보를 주고받는 지적인 운동이 아닙니다. 그 이상으로, 우리는 대화를 통해 즐거움을 느끼고 통찰을 얻으며, 사람과 사람 사이의 진심 어린 연결을 만들어 냅니다. 말 한마디에 관계가 깊어지기도 하고, 한순간의 말실수로 오랜 신뢰가 무너지기도 합니다. 그러니 말에는 반드시 신중함이 필요합니다.

볼테르는 "말하는 것은 씨앗을 뿌리는 것이고, 듣는 것은 그것을 거두어들이는 것이다"라고 말했습니다. 이 말은 대화가 한 방향의 말하기가 아니라 쌍방향의 상호작용이라는 점을 강조합니다. 단지 말을 잘하는 것보다는 상황과 상대에 맞는 소통, 그리고 공감과 이해를 기반으로 한 소통 능력이 더욱 중요합니다.

그렇다면 좋은 대화의 출발점은 어디일까요? 바로 듣기, 그중에서도 경청입니다. "상대방의 말을 잘 들어야 한다"라는 말은 누구나 알지만, 실제로 실천하기 어려운 이유는 단지 훈련이 부족해서가 아닙니다. 대부분 사람들은 상대의 말이 끝나기도 전에 '내가 무슨 말을 할까'를 생각하기 때문에, 진심으로 귀 기울이지 못합니다. 진정한 경청이란 '듣는 척'이 아닌, 상대의 말에 집중하고 마음으로 받아들이는 태도입니다. 상대가 말하는 동안 침묵할 줄 아는 사람이 결국 말도 잘하게 되는 법입니다.

PART 3

기대의 무게를 덜고
유연함으로 채우는 태도

51
우리를 불행하게 만드는 건
일어나리라 기대했던 일이다

어딘가에 입장할 때 사람들에게 큰 기대를 불러일으켜서는 안 된다. 유명했던 사람들의 한결같은 불운은 그들을 향했던 기대를 훗날에 충족시키지 못한 것에서 비롯되었다. 실제는 결코 상상한 것과 같아질 수 없다. 멋진 미래를 상상하게 하는 건 쉽다. 그러나 그것을 현실에서 완벽하게 해내는 건 어렵다. … 희망은 진실을 크게 왜곡한다. 처음의 욕망보다 더 큰 결실을 맺는 편이 낫다.

우리 삶에서 기대와 현실 사이의 차이는 실망과 불만의 원인이 됩니다. 고대 로마의 철학자 세네카의 사상은 "우리를 불행하게 만드는 것은 일어나는 일이 아니라 일어나리라 기대했던 일"이라는 것입니다. 과도한 기대의 위험성을 경고합니다.

이러한 기대의 함정은 생각보다 심각한 결과를 가져올 수 있습니다. 미국의 통계를 보면, 노인들이 많이 돌아가시는 때가 환절기가 아니라 크리스마스나 추수감사절 직후입니다. "어쩌면 이번 명절에는 손주를 데리고 오지 않을까?" 하는 막연한 기대를 품다가 좌절하여 극단적 선택을 하는 경우가 많다는 것입니다. 기대도 우리가 하고, 좌절도 우리가 선택하는 것입니다. 근거 없는 희망은 갖지 않는 것이 중요합니다.

그렇다고 해서 소심한 마음가짐으로 평생 구석에서 숨어 살아야 한다는 뜻은 아닙니다. 조심조심 살아가며 "혹시 실망을 줄까…"라며 자신을 낮추는 것은 겸손이 아니라 비겁함입니다. 자기 능력을 과소평가하라는 의미가 아니라, 희망과 현실 사이의 건전한 균형을 찾아야 한다는 것입니다.

현대 사회에서 우리는 끊임없이 자신을 '홍보'하도록 요구받습니다. 소셜 미디어, 취업 시장, 심지어 개인적인 관계에서도 우리는 최고의 모습을 보여 주려 노력합니다. 하지만 이러한 과장된 자기 PR은 종종 부메랑이 되어 돌아옵니다. 화려한 첫인상을 지속해서 유지하기란 거의 불가능하기 때문입니다.

　진정한 해답은 점진적으로 자신의 가치를 증명해 나가는 전략에 있습니다. '약속은 적게 하고 실천은 많이 하는 것'을 통해 장기적으로 신뢰와 존경을 얻는 것이죠. 겸손이라는 이름으로 자신을 숨기지도 말고, 근거 없는 과도한 기대로 자신을 괴롭히지도 마세요. 현실이 기대를 뛰어넘을 때, 진정한 성공의 순간이 옵니다.

52

준비되지 않으면
행운은 지나가는 구름이다

행운에는 규칙이 있다. 현명한 자에게는 행운 역시 우연이 아니다. 누군가는 행운의 여신이 행운의 문을 열어 줄 때까지 그 앞에서 기다린다. 하지만 현명한 자는 스스로 그 행운의 문을 열고 들어가, 이득을 얻으며 행운의 여신이 베푸는 호의를 얻는다.

국가 기술 자격증 시험은 회차별로 합격률에 차이가 있어서 합격률이 높을 때를 위해 준비해야 된다고 합니다. 아무리 최선을 다해도 합격률이 낮은 회차에 시험을 보면 자격증을 얻기가 쉽지 않기 때문입니다.

그렇다고 포기해야 할까요? 아닙니다. 합격률이 높은 그

언젠가의 회차를 위해 준비해야 합니다. '운'이라는 단어는 종종 우리의 통제를 벗어난 무언가를 의미하는 것처럼 보입니다. 하지만 행운은 준비와 기회가 만날 때 일어납니다.

현대 사회에서 누군가의 성공을 두고 '운이 좋았다'라는 말로 치부하는 경우가 있습니다. 하지만 자세히 들여다보면, 그 뒤에는 항상 준비와 노력이 있었음을 알 수 있습니다. 기회가 왔을 때 그것을 잡을 수 있도록 항상 준비되어 있어야 하는 것이 바로 우리의 현재여야 합니다.

이와 관련해 흔히 오해받는 명언이 있습니다. "성공은 95퍼센트 노력과 5퍼센트 영감으로 이루어진다"라는 말은 늘 오해를 불러일으킵니다. 사람들은 노력만을 강조하는데, 사실 이 말의 핵심은 5퍼센트 영감의 중요성에 있습니다. '운칠기삼'이라는 말도 마찬가지입니다. 이 말은 사실 '기삼'에 방점이 찍혀야 합니다. 운은 모든 사람에게 다 돌아가지만, 기술이 있어야만 그 운을 내 것으로 만들 수 있기 때문입니다.

마키아벨리는 "'포르투나fortuna(행운의 여신)'를 '비르투virtu(덕성, 내공, 힘)'로 거칠게 낚아채라!"라며 더욱 강렬하게 표현했습니다.

행운의 여신은 그냥 오지 않습니다. 준비된 자만이 그를 붙잡을 수 있습니다. 따라서 운이 좋았다는 사람들의 말은 무시하세요. 당신은 그들의 준비 과정을 보지 못했을 뿐입니다. 실력 있는 사람만이, 악착같이 노력한 사람만이 비로소 기회를 알아보고 잡을 수 있습니다. 아무리 좋은 기회가 와도 준비되지 않은 사람에게는 그저 지나가는 구름에 불과할 뿐입니다.

결국 진정한 행운은 준비된 자에게만 찾아옵니다. 국가기술 자격증 시험도 마찬가지입니다. 합격률이 높은 회차를 기다리되, 그 기회가 왔을 때 확실히 잡을 수 있도록 지금이 순간 최선을 다해 준비해야 합니다. 그것이 바로 운을 만드는 유일한 방법입니다.

53
나빴던 건 타이밍이 아니라
수많은 망설임이다

행운이 온다고 느껴진다면? 담대하게 전진하라. 행운은
여성이기에 과감하게 다가서는 담대한 사람을 좋아한다.
하지만 조심하라. 운이 나쁘다면? 불운이 두 배가 되지
않도록 잠시 물러설 줄도 알아야 한다.

인생에서 성공과 실패는 우리의 능력만큼이나 '타이밍'
에 좌우됩니다. 아무리 유능한 사람이라도 때를 잘못 만나
면 실패할 수 있고, 반대로 평범한 사람도 절묘한 시기를 포
착하면 놀라운 성과를 이룰 수 있습니다.

고대 그리스인들은 시간의 개념을 두 갈래로 나누어 인
식했습니다. 하나는 크로노스Chronos, 다른 하나는 카이로

스Kairos입니다. 크로노스는 우리의 일상에서 일정하게 흘러가는 정량적 시간으로, 개인의 의지와는 무관하게 흐르는 객관적인 시간을 뜻합니다. 우리가 흔히 사용하는 시계의 시간, 즉 '몇 시 몇 분'처럼 측정 가능한 시간이 바로 크로노스입니다.

반면 카이로스는 '기회의 시간', 또는 '적절한 순간'을 의미합니다. 정성적 시간으로 분류되는 카이로스는 시간의 흐름 그 자체보다는 그 순간이 지니는 의미와 타이밍의 적절성에 초점을 둡니다. 이는 우리가 어떤 행동을 '언제' '어떻게' 하느냐에 따라 결과가 달라질 수 있음을 보여 주는 개념입니다.

이러한 시각은 '운'에 대한 태도에서도 드러납니다. 단순히 운이 오기를 기다리는 것과, 운을 만들기 위해 준비하고 움직이는 것은 전혀 다른 일입니다. 미국의 장군 조지 패튼은 "오늘 빠르게 실행된 좋은 계획이 내일 완벽하게 실행될 계획보다 낫다"라고 말했습니다. 이 말은 완벽한 타이밍만을 기다리기보다, 지금 당장 주어진 상황에서 최선을 다해 실행에 옮기는 것이 더 중요하다는 점을 강조합니다.

성공의 비결은 단순히 운이 오기를 기다리는 데 있지 않습니다. 오히려, 기회가 왔을 때 그것을 인식하고 행동할 수 있는 준비된 마음가짐에 달려 있습니다. 운이 좋을 때는 대담하게 행동하고, 운이 나쁠 때는 신중하게 물러날 줄 아는 지혜, 바로 이것이 '운명의 조율'이며, 성공적인 삶을 위한 핵심 기술입니다.

결국 카이로스를 '기다리는 것'만으로는 부족합니다. 기다림에는 분명 미학이 있지만, 너무 오래 주저하는 태도는 우리를 '기회 상실'이라는 늪에 빠뜨릴 수 있습니다. 타이밍은 단지 하늘이 주는 선물이 아니라, 우리가 행동으로 포착해야 할 기회입니다.

54

모든 순간의 선택이
삶의 질을 결정한다

인생의 대부분은 '선택'에 달려 있다. 선택에는 좋은 취향과 올바른 판단력이 필요하다. 이를 위해서는 지성이나 공부만으로는 충분하지 않다. 두 가지가 필요하다. 첫째, 선택할 수 있는 능력. 둘째, 최선을 선택하는 능력. … 꽤 많은 사람이 마치 일부러 잘못된 인생을 선택하려고 작정을 한 듯 최악을 선택한다. 현명한 선택을 하는 것은 하늘이 내려 준 가장 위대한 선물 중 하나다.

고대 그리스의 철학자 에픽테토스는 "우리는 일어나는 일을 선택할 수 없지만, 그에 대한 우리의 태도는 선택할 수 있다"라고 말했습니다. 삶은 수많은 선택의 연속이며, 그 선택이 쌓여 지금의 나를 만듭니다. 그러나 선택, 특히 '현명한 선택'을 한다는 것은 단순히 지식이나 지성의 문제가 아닙니다. 그것은 경험, 직관, 그리고 무엇보다 자기 인식을 바탕으로 합니다.

선택의 과정에서 우리는 종종 '결정 장애'에 빠집니다. 너무 많은 정보와 옵션이 오히려 결정을 어렵게 만들지요. 완벽을 추구하는 태도는 오히려 좋은 선택을 방해할 수 있습니다. "완벽은 좋음의 적"이라는 말처럼, 실수를 피하려는 지나친 경계가 삶의 진짜 기회를 놓치게 만듭니다. 지혜는 경험에서 오고, 경험은 실수에서 비롯됩니다. 그렇기에 선택에 대한 두려움보다는 실수를 통해 배우려는 자세가 필요합니다.

현명한 선택이란 단순히 옳고 그름을 가리는 것이 아니라, 나의 가치관과 목표에 부합하는 방향으로 결정을 내리는 능력입니다. 그것은 연습을 통해 기를 수 있습니다. 예를 들어 내일 점심 식사 때 "짜장면을 먹을까, 짬뽕을 먹을까"라는 사소하지만, 구체적인 선택부터 의식적으로 훈련해 보는 건 어떨까요?

에픽테토스는 또 이렇게 말했습니다.

"통제할 수 있는 것과 통제할 수 없는 것을 구분하는 것,

이것이 바로 지혜다."

실제로 우리 삶에서 통제할 수 없는 것은 너무 많습니다. 날씨, 천재지변, 타인의 평가나 행동, 과거의 실수 등은 우리가 어찌할 수 없는 영역입니다. 그런 것들을 바꾸려는 시도는 불필요한 걱정과 갈등만 낳습니다. 반면, 내 생각, 내 감정, 내 말과 행동은 내가 선택할 수 있습니다. 바로 여기에서 '현명한 선택'의 시작점이 있습니다.

문제가 생겼을 때, 그 원인을 밖에서만 찾으려는 태도는 결국 내 성장의 기회를 가로막습니다.

"아, 그때 타이밍이 너무 안 좋았어요. 그 사람 때문에 모든 게 꼬였어요."

이런 생각에 갇혀 있다면 발전은 없습니다. 통제할 수 없는 외부 요인보다 통제할 수 있는 나 자신의 태도와 대응 방식에 집중할 때, 삶은 조금씩 달라지기 시작합니다.

그렇다고 해서 선택의 과정이 늘 이상적이고 순수할 수만은 없습니다. 때로는 이해관계를 냉철하게 읽고, 남들의 선의를 전략적으로 활용할 줄 알아야 하며, 기회가 왔을 때는 주저 없이 과감해질 수 있어야 합니다. 순진한 낙관주의만으로는 인생의 중요한 국면에서 손해를 볼 수도 있습니다. 우리가 선택할 수 있는 건 '무엇을 선택하느냐'보다, 주어진 조건 속에서 얼마나 전략적으로 움직이느냐입니다.

당신에게 주어진 카드가 무엇이든, 그 카드를 가장 효과적으로 사용하는 것이야말로 진정한 선택의 지혜입니다.

55
첫 번째가 되는 용기와 지혜

첫 번째가 되는 건 일종의 탁월함이다. 그런데 그 탁월함에 우수성까지 갖추었다면 그건 두 가지의 탁월함을 지닌 셈이다. … 첫 번째가 아닌 사람들은 그들이 그 무엇을 하든, 앵무새 취급 그 이상을 받을 수가 없다. 현명한 사람들은 최초가 됨으로써 자기의 이름을 알릴 줄 안다. 그들은 뭔가 대단한 공적을 세움에 있어 두 번째가 되는 것보다 작은 일에서 첫 번째가 되는 것을 선호한다.

첫 번째가 된다는 것은 단순히 시간상의 우선순위를 넘어서는 깊은 의미를 담고 있습니다. 그것은 누구보다 먼저 새로운 영역을 개척하고, 전에 없던 가능성을 열어젖히는 행위입니다. 기존의 틀을 깨고 낯선 길을 향해 나아가는 용기, 그것이 바로 '첫 번째'의 본질이며, 이는 곧 혁신과도 맞닿아 있습니다.

하지만 혁신이란 단어 뒤에는 언제나 신중함과 실패의 무게가 함께 따라옵니다. 일본의 경영자 혼다 소이치로는 "성공은 99퍼센트의 실패로 이루어진다"라고 말했습니다. 이는 혁신의 여정이 단순한 열정만으로는 부족하다는 걸 보여 줍니다. 수많은 시행착오와 좌절을 견디며 앞으로 나아가는 과정에서, 혁신은 비로소 그 실체를 드러냅니다.

그렇다고 처음부터 거대한 성과를 내려고 애쓸 필요는 없습니다. 때로는 작은 영역에서의 혁신이 오히려 더 큰 울림을 줄 수 있습니다. "전문가란 한 분야에서 할 수 있는 모든 실수를 저지른 사람"이라는 말처럼, 중요한 것은 실수를 잘하는 법을 익히며 새로움에 도전하는 것입니다.

이러한 혁신의 의미를 가장 강렬하게 보여 주는 존재가 바로 '퍼스트 펭귄first penguin'입니다. 펭귄들은 무리를 지어 빙벽 끝에 서서 바다에 뛰어들길 망설입니다. 바닷속엔 먹이가 있지만, 동시에 포식자인 물범과 바다표범이 기다리고 있기 때문입니다. 이때 한 마리가 먼저 뛰어들면 나머지 펭귄들이 그 뒤를 따릅니다. 우리는 첫 번째로 뛰어드는 이 펭귄을 '퍼스트 펭귄'이라 부릅니다.

그렇다면 누가 첫 번째로 뛰어들까요? 사람들은 흔히 가장 용감한 펭귄, 가장 배고픈 펭귄, 또는 세상 물정을 모르는 젊은 펭귄일 것이라 말합니다. 하지만 현실은 다릅니다. 대부분은 등 떠밀렸거나, 미끄러졌을 뿐입니다. 아이러니하게도, 이렇게 우연히 먼저 뛰어든 퍼스트 펭귄이 물개에게 잡아먹히는 경우는 드뭅니다. 포식자조차 아직 준비되지 않은 상황에서, 예상치 못한 타이밍에 먼저 움직인 결과입니다. 그래서 말합니다. 남들 따라 하면 늦습니다. 이왕 하려면, 먼저 하십시오.

　여기서 한 걸음 더 들어가야 합니다. '먼저 한다'라는 것이 곧 진짜 의미 있는 최초를 말하는 것은 아닙니다. 많은 경우 '최초'라는 타이틀은 단지 운 좋은 자들의 전유물일 뿐입니다. 그렇지 않다면, 우리는 이미 그 자리에 있는 기득권과 싸워야 합니다. 기득권 세력은 그 자리를 순순히 내주지 않을 것입니다. 그래서 현명한 사람들은 다른 방식으로 움직입니다. 남들이 눈길을 주지 않는 틈새 영역을 찾아, 그곳에서 '최초'라는 타이틀을 만들어 냅니다. 겉으로 보기에 그는 대단한 개척자처럼 보일지 몰라도, 실제로는 '최초인 척하는 법'을 터득한 사람일 수 있습니다. 이것이 바로 전략이자 생존의 지혜입니다.

56

모험은 일종의 잘못 계획된 휴가일 뿐이다

단호하라! 계획을 잘못 실행하는 것이 계획을 세우는 데 우유부단한 것보다 해가 적은 법이다. 물줄기는 흐를 때보다 막혔을 때 더 해롭다. 늘 망설이면서 다른 사람의 지시를 기다리는 사람들이 있는데 이는 해야 할 것에 대한 혼란 때문이 아니라 행동할 능력이 없기 때문이다. … 결코 곤경에 처하지 않는 사람들이 있다. 그들은 하나의 행동을 마치자마자 곧 다른 것을 할 준비가 늘 되어 있다.

결단력은 분명 성공의 핵심 요소 중 하나입니다. 감정이 앞서기를 기다리지 말고 먼저 행동할 수 있어야 합니다. 감정은 행동의 뒤를 따라올 수도 있기 때문입니다. 때로는 완벽한 계획보다 실행이 더 중요한 법이지만, 우유부단함으로 기회를 종종 상실하기도 합니다.

노르웨이의 탐험가 로알 아문센도 "모험은 단순히 잘못 계획된 휴가일 뿐이다"라고 말했듯이, 때로는 불완전한 계획으로 시작하더라도 과정에서 조정하고 적응하는 능력이 중요합니다.

이러한 관점은 비즈니스 세계에서 더욱 명확해집니다. 비즈니스에서 때늦은 결정보다 더 나쁜 결정은 없으며, 완벽한 타이밍을 찾는 사람은 결국 아무것도 이루지 못합니다. 용기는 두려워하지 않는 것이 아니라 두려움에도 불구하고 그 일을 하는 것입니다. 완전한 정보가 얻어진다는 것은 불가능하므로, 불완전한 정보 속에서도 최선을 다해야 합니다.

그러나 이러한 '행동 우선주의'에는 반드시 고려해야 할 현실적 한계가 있습니다. 2024년 자영업을 하다가 폐업한 건수가 100만에 가까웠다고 합니다. 그냥 행동했다가 망한 사람들은 조용히 사라지니까 우리 눈에 보이지 않을 뿐입니다. 현실에서는 신중하게 고민하는 사람이 더 오래 살아남는 경우가 많습니다. 즉흥적으로 사업을 시작했다가 빚더미에 앉은 사람, 성급하게 이직했다가 후회하는 사람들이 얼마나 많습니까?

따라서 진정한 지혜는 결단력과 신중함 사이의 균형을 찾는 것입니다. 결단력이 무모함을 의미하는 것은 아니며, 신중한 고려와 결단력 있는 행동 사이에는 균형이 필요합니다. 단순히 빠르게 행동하는 것보다 적절한 수준의 정보와 분석을 바탕으로 시기적절하게 행동해야 합니다.

결국 우리에게 필요한 것은 '계산된 용기'입니다. 기회를 놓치지도 않고, 무모한 도전으로 모든 것을 잃지도 않는 중간지대를 찾는 것입니다. 불확실성 앞에서도 전진할 수 있는 용기를 가지되, 그 용기가 신중한 판단에 기반하도록 해야 합니다. 인생에서 두려워할 것은 아무것도 없지만, 그렇다고 해서 모든 위험을 무시해서도 안 됩니다. 진정한 성공은 이 두 가치 사이에서 지혜롭게 선택할 때 찾아오는 것입니다.

57
행운은 자신의 그릇만큼 담을 수 있다

행운도 그것을 받아들일 수 있는 사람에게나 행운인 법이다. 커다란 행운이 다가왔을 때 그 행운을 받아들일 수 있는 사람에게는 그 행운이 당황스럽지 않다. 굶주린 상태에서 먹는 맛있는 음식과도 같다. 하지만 행운을 받아들일 준비가 안 된 사람에겐 과식일 뿐이다. 생각보다 많은 사람이 커다란 행운이 다가와도 그것을 마치 소화불량으로 고통받는 것처럼 받아들인다. 그건 그들의 협소한 역량 때문이며 행운을 잡는 연습을 하지 못해서 일어난 일이다. 그러면 행운도 적절한 자리를 차지하지 못하게 된다.

성공과 행운을 다루는 능력은 개인의 성장과 발전에 있어 매우 중요한 요소입니다.

"인간은 모든 것에 익숙해질 수 있는 존재다."

러시아의 작가 도스토옙스키의 말처럼, 인간에게는 큰 기회와 도전에 적응할 수 있는 잠재력이 있습니다. 아프리카 속담에 "독수리는 닭장에서 자라지 않는다"라는 말이 있듯, 큰 성공을 이루기 위해서는 그에 걸맞은 환경과 마인드셋이 필요합니다. 나 자신을 좁은 틀 안에 가두지 않고, 더 넓은 가능성의 장으로 이끌어야 합니다. 이처럼 인간의 수용 능력은 타고나는 것이 아니라, 지속적인 학습과 성장을 통해 확장되는 것입니다. 결국, 큰 기회를 받아들이는 능력은 단순히 '운'이 아니라 철저한 '준비'의 결과입니다. 행운은 준비된 자에게 찾아오는 선물이라 할 수 있습니다.

우리가 흔히 말하는 '준비된 자'는 누구일까요? 금수저, 은수저, 그리고 흙수저라는 표현이 보여 주듯, 사회는 이미 출발선이 다른 사람들을 같은 기준으로 평가하려고 합니다. 대부분 '준비'라는 말은 충분한 배경과 자원을 가진 자들의 특권을 정당화하는 수사에 지나지 않습니다. 반면, 출발선이 불리했던 사람들에게는 '준비가 부족했다'라는 비난이 너무 쉽게 향합니다. 개인의 노력과 준비가 중요하다는 사실을 인정하되, 동시에 구조적 불평등과 출발점의 차이도 분명히 존재한다는 현실도 받아들여야 할 겁니다.

58
사막을 떠나기 전에
오아시스를 준비하라

해가 질 때까지 기다리지 마라. 현명한 사람은 남들이 떠나기 전에 자신이 먼저 떠난다. 태양은 밝을 때조차도 종종 구름 뒤로 물러나 모습을 보이지 않는다. 마지막에 승리를 쟁취할 수 있어야 한다. 현실에서는 불운함이 다가오기 전에 현명하게 물러나야 한다. 다른 사람들이 당신에게 냉담해지기 전에, 당신을 무덤으로 데려가기 전에 떠나라. … 현명한 미인은 자신의 추한 모습을 보지 않으려 일찍 거울을 깨뜨린다.

　인생에서 적절한 타이밍을 아는 것은 중요한 기술입니다. 꽃이 지기 전에 떠나는 것이 가장 아름답듯, 최고의 순간에 스스로 퇴장할 줄 아는 지혜는 누구에게나 필요한 삶의 전략입니다.

미국의 전설적인 야구 선수 테드 윌리엄스는 그 좋은 예입니다. 1960년, 그는 마지막 경기, 마지막 타석에서 자신의 통산 521번째 홈런을 치고 그대로 은퇴합니다. 누구도 흉내내기 어려운 완벽한 퇴장이었죠.

그 어떤 사람보다도 야구에 대해 잘 알던 그는 자신이 최고일 때 스스로 그라운드를 떠났습니다. 그렇게 팬들의 기억 속에 영원히 살아 있게 되었습니다. "박수받을 때 떠나라"라는 말의 표본과도 같습니다.

그 순간을 놓치면, 박수는 멈추고, 어느새 조롱이 시작됩니다. 타이밍은 단순한 선택이 아니라, 존엄성을 지키는 기술입니다.

무대에서 물러날 줄 아는 사람만이 진정한 주인공으로 기억되지만, 현실은 그렇게 간단하지 않습니다. 화려한 은퇴는 일부 스타의 이야기일 뿐, 대부분 사람에겐 생계가 먼저입니다. 요즘 같은 세상에서 '명예로운 퇴장'을 꿈꾸다가는, 퇴직금도 못 받고 쫓겨나는 일이 비일비재합니다. 그래서 많은 직장인은 기회가 와도 쉽게 떠나지 못하고, 끝까지 버티며 살아갑니다.

이 또한 생존을 위한 치열한 선택이며, 존중받아야 할 현실입니다. 결국 우리는 두 가지 기술을 동시에 배워야 합니다. 떠날 줄 아는 용기, 그리고 남아야 할 때 버티는 인내. 오아시스를 준비하지 않고 사막을 떠나는 건 무모한 일이며, 이미 사막이라면 그 안에서 물을 찾는 법도 배워야 합니다. 우리에게 필요한 것은 '퇴장의 미학'이 아니라, '퇴장의 전략'입니다.

59
작은 일에 얽매이지 말라

문제가 아닌 걸 굳이 문제 삼으려 하지 말라. 누군가가 아무렇지도 않게 여기는 걸 또 다른 누군가는 굳이 문제 삼곤 한다. 그들은 항상 큰소리치고, 모든 걸 심각하게 받아들이며, 기어코 논쟁거리로 만들어 버린다. 마음만 먹으면 피할 수 있는 일을 도대체 왜 골치 아픈 일로 만드는가. 어깨 너머로 던져 버려야 할 것을 마음에 새기는 것은 어리석다. … 종종 치료법이 오히려 병을 키우는 법이다. 그냥 내버려 두는 것도 인생의 규칙 중 하나다.

성공적인 삶을 위해서는 중요하지 않은 일에 과도한 에너지를 쏟지 않는 지혜가 필요합니다. 미국의 전 국무장관 콘돌리자 라이스 사례가 이를 잘 보여 줍니다. 그는 복잡한 국제 정세 속에서도 항상 큰 그림에 집중했다고 합니다. 라이스는 매일 아침 뉴스를 보면서 자신에게 "이것이 5년 후에도 중요할까?"라고 물었다고 합니다. 중요하지 않은 단기적인 소음에 휘둘리지 않고 장기적으로 중요한 문제에 집중하는 그의 접근 방식은 우리가 깊이 새겨 둘 만합니다.

우리는 종종 사소한 걱정거리나 작은 일들에 에너지를 낭비하며 정작 중요한 것들을 놓치곤 합니다. 인생은 긴 여정이기에 매 순간 행복해야 한다는 건, 사소한 문제들에 얽매이지 않고 삶의 전체적인 여정을 즐기자는 의미임을 기억해야 합니다. 무엇에 집중해야 하는지 늘 염두에 두는 것이 중요합니다.

기업의 리더들에게 "어떻게 지내느냐?"라고 물어보면, "항상 바빠요! 도대체 무엇을 했는지도 모르게 정신없이 바빠요!"라고 답하는 사람이 많습니다. 그래서 현안으로 챙기는 것이 몇 개나 되냐고 물어보면, 아무리 적어도 열다섯 개는 된다고 말합니다. 하지만 그중 가장 중요한 다섯 가지를 말해 보라고 하면 한참을 고민하다 간신히 몇 개를 꼽습니다. 이때 이렇게 조언해 줍니다.

"나머지 열 개는 다 잊어버리세요. 그냥 내팽개치지 말고, 바로 위임하세요. 그리고 그 다섯 개에 집중하세요. 그 나머지 열 개가 바로 가장 중요한 다섯 개에 집중하는 것을 방해하고 있습니다."

엉뚱한 것이 아니라, 그럴듯해 보이는 수많은 일이 우리가 진정으로 집중해야 할 것을 방해한다는 사실을 깨달아야 합니다.

하지만 그렇다고 해서 디테일을 놓쳐도 된다는 의미는 아닙니다. 오히려 디테일을 놓치는 순간, 우리는 소위 '호구'가 될 수 있습니다. 계약서의 한 줄, 직장 내 소소한 갈등, 가족 간의 작은 마찰들이 모여 결국 우리 인생의 큰 그림을 결정하기도 합니다. '내버려 두는 것도 지혜'라고 하지만, 모든 것을 그런 식으로 방치하며 살다가는 평생 남들에게 휘둘리거나 손해를 보며 살게 될 수도 있습니다. 미국의 거부 워런 버핏이 1달러부터 아꼈다는 일화는 사소한 것의 중요성을 간과해서는 안 된다는 점을 시사합니다.

60

당신의 부재를
세상이 아쉬워하게 하라

당신을 잊지 못하게 만들라. … 방법이 있다. 당신이 맡은 일에서, 당신의 역량을 유감없이 발휘하는 일이다. 여기에 호감을 주는 태도를 더하라. 일을 쫓아다니지 말라. 일이 당신을 찾게 하라.

자신의 부재가 느껴지게 만드는 것, 즉 한 사람이 세상을 떠난 후에도 많은 이들이 그를 그리워한다면, 그것이야말로 그의 진정한 영향력을 입증하는 것입니다. 우리가 일터를 떠났을 때 남은 사람들이 우리를 그리워하게 만드는 것이 바로 우리가 지향해야 할 리더십이자 삶의 방식입니다.

이러한 영향력의 핵심은 바로 '선한 영향력'입니다. 세상이 당신을 찾아다니게 만드는 방법이죠. 이를 위해 우리는 자신만 높은 위치에 오르는 데 만족할 것이 아니라, 주변의 사람들도 함께 끌어올려야 합니다. 개인의 성공을 넘어 공동체 전체의 발전을 위해 노력했을 때, 우리의 존재감은 비로소 높아집니다. 존재의 가치는 단순히 직위나 권력에서 오는 것이 아니라, 타인의 삶에 미치는 진정한 긍정적 영향력에서 비롯됩니다. 우리가 떠난 후에도 사람들의 마음속에 오래도록 좋은 영향을 남기는 것이 진정한 리더십입니다. 이렇게 그리움을 남기는 삶은 우리의 존재가 타인과 사회에 얼마나 중요했는지를 보여 주는 궁극적인 증거가 됩니다.

결국, 우리 삶의 진정한 가치는 살아생전에 얼마나 많이 소유하고 있는가에 있지 않습니다. 대신, 내가 살아있는 동안 얼마나 많은 사람을 도와주었는가에 달려 있습니다. 만약 내가 죽으면 그들이 받게 되는 혜택도 사라지게 될 테니, 그들은 내가 더 오래 살고, 더 잘 살기를 바라지 않겠습니까! 이처럼, 우리 삶의 가치는 역설적으로 내가 죽고 난 뒤에, 즉 나의 부재가 다른 이들에게 어떤 영향을 미치는지에 따라 가장 정확하게 측정됩니다.

61

눈에 띄지 않으면,
존재하지 않는 것이다

행동하라. 그 행동하는 모습이 보이게 하라. 세상 모든 것은 그것의 실체가 아닌, 보이는 대로 받아들여진다. 자신이 능력 있으면서 한편으로 그 능력 있음을 보여 줄 수 있는 건 자기 능력을 두 배로 활용하는 셈이다. 보이지 않는 것은 없는 것이나 다름없다. 보이지 않으면 옳은 것조차도 옳게 느껴지지 않게 된다. … 거짓이 세상을 지배하고 있다. 세상은 모든 것을 그 겉모습으로 판단한다. 많은 것들이 보이는 것과 다른 것이다. 멋진 외모는 내면의 완벽함을 나타내는 최고의 추천사다.

행동의 실체만큼이나 그것이 세상에 어떻게 인식되는지도 중요합니다. 자기의 행동을 효과적으로 알리는 능력이 필요하다는 말입니다. 예를 들어 누군가를 돕는다고 할 때, 단순히 동전을 던져 주는 행위보다 그 사람의 눈을 바라보고 어떤 도움이 필요한지 살피는 것이 먼저입니다.

안톤 체호프는 "지식만으로는 충분하지 않다. 우리는 그것을 적용해야 한다. 의지만으로는 충분하지 않다. 우리는 그것을 행동으로 옮겨야 한다"라고 말했습니다. 이는 지식과 의도를 실제 행동으로 전환하는 것의 중요성을 강조한 것입니다. 여기에 더해, 그 과정을 세상에 어떻게 보여 주느냐 역시 무시할 수 없습니다.

비즈니스 분야에서 이를 잘 실천한 인물이 일론 머스크입니다. 그는 혁신적인 제품을 만들어 내는 데서 멈추지 않고, 그 과정과 비전을 대중에게 효과적으로 전달했습니다. 그의 말처럼 "좋은 제품이나 서비스를 만들고, 그것을 사람들에게 알리는 것, 이 두 가지 모두 중요하다"라는 원칙은 현대 사회에서 설득력 있게 다가옵니다.

그러나 여기에는 한 가지 주의할 점이 있습니다. 모든 것을 보이는 데만 집중하다 보면 우리의 삶은 허위로 가득한 쇼가 되어 버릴 수 있습니다. 보여 주는 것도 필요하지만, 그 것이 본질을 대신할 수는 없습니다. 겉치레에만 매달리지 않고 최소한의 내실을 챙길 때, 우리의 행동은 비로소 진정한 가치를 지니게 됩니다.

62
복잡할수록 작게 나누어라

일의 중심에 서라. 그래야 일의 흐름을 느낄 수 있다. 많은 이들이 쓸데없는 토론이나 지루할 정도의 장황함에서 핵심을 깨닫지 못한 채 길을 잃는다. 그들은 그냥 내버려 두어야 할 문제에 시간과 인내심을 낭비하고 있다. 정작 해내야 하는 것에는 자기의 시간과 인내심을 쏟지 않는 것이다.

복잡한 시대일수록 중요한 것은 '본질을 꿰뚫는 눈'입니다. 여러 가지 일이 얽힌 상황에서 핵심을 파악하는 능력은 문제 해결의 출발점입니다. 중요한 것에 집중하면, 나머지는 자연히 따라오게 되어 있습니다. 그러나 우리는 종종 쓸데없는 일에 시간과 에너지를 낭비하며, 본질에서 점점 멀어지곤 합니다. 자신에게 물어봐야 합니다. '나는 지금도 쓸모없음에 나의 시간과 공간을 허락하고 있지는 않은가?'

이러한 집중력과 함께 중요한 것이 바로 '단순화의 능력'입니다. 미국의 물리학자 리처드 파인만은 "만약 당신이 그것을 초등학생에게 설명할 수 없다면, 당신은 그것을 이해하지 못한 것이다"라고 말했습니다. 핵심을 꿰뚫어 보는 사람은 복잡한 내용을 단순하게 풀어낼 수 있습니다. 단순함은 곧 정교함입니다. 복잡함 속에서 단순함을 찾아내고, 혼란 속에서 조화를 이끌어 내며, 난관 속에서 기회를 발견하는 것이 진정한 지혜입니다.

이와 관련해 철학자 데카르트는《방법서설》에서 '분석의 규칙'을 제시했습니다. 어려운 문제는 가능한 한 잘게 나누라는 것입니다. 문제를 쪼개면 훨씬 명확해지고, 해결 가능성도 커집니다. 마치 복잡한 수학 문제를 작게 나누어 푸는 것처럼 말이죠.

하지만 여기에는 주의할 점도 있습니다. '핵심 분석'이 목적이 아니라는 점입니다. 분석만 하다가 시간을 허비하는 경우가 많습니다. "핵심이 뭘까?"라고 생각만 하다가 결국 아무것도 하지 못한 채 시간을 흘려보내는 일이 많죠. 반면 세상을 바꾼 사람들은, 분석보다 실행에 집중했습니다. 스티브 잡스는 직접 컴퓨터를 만들었고, 제프 베이조스는 책부터 팔기 시작했습니다. 그들은 머릿속에서 핵심을 끝없이 찾아낸 것이 아니라, 실행 속에서 핵심을 발견한 사람들입니다.

63

희망은 볼 수 있는 것을 보는 것이다

상대방의 좋은 점을 찾아라. 좋은 점이 없을 수는 없는 법이다. 그러나 꽤 많은 사람이 세상의 천 가지 훌륭함을 외면한 채 단 하나의 결점을 찾아내 마치 그것을 청소해야 하는 청소부인 양 그것만을 골라내어 비난하는 데 열중한다. 그들은 쓰디쓴 것들로 자신을 키우고, 쓰레기로 살을 찌우며, 그렇게 슬픈 삶을 스스로 선택한다. 이와 반대로 천 가지 결점 속에서 우연히 마주칠 수 있는 단 하나의 아름다움을 찾아내는 사람들이 행운을 잡는다.

긍정적인 면을 찾아내는 능력은 성공과 행복의 핵심 요소입니다. 이 원칙을 실천한 대표적인 인물로 남아프리카공화국의 인권운동가 데스몬드 투투 대주교를 들 수 있습니다. 투투는 아파르트헤이트라는 극단적인 인종차별 상황 속에서도 화해와 용서의 메시지를 전했습니다.

투투 대주교가 남긴 멋진 말이 있습니다.

"희망은 보이는 것을 보는 것이 아니라 볼 수 있는 것을 보는 것이다."

미국의 심리학자 마틴 셀리그만이 긍정심리학을 창시하며 한 말도 비슷합니다.

"행복은 우리가 가진 것에 만족하는 것이 아니라 우리가 감사할 수 있는 것을 인식하는 것이다."

마이크로소프트 CEO 사티아 나델라가 했다는 다음 말은 또 어떠한가요.

"우리는 'know-it-all'에서 'learn-it-all' 문화로 전환해야 한다."

실패나 결점을 비난하기보다는 그것에서 배울 점을 찾는 마인드, 우리가 꼭 지녔으면 합니다. '긍정의 렌즈'를 통해 그 어떤 상황에서도 좋은 점을 찾아내는 능력이 있기를 바랍니다.

하지만 이러한 긍정적 사고가 무조건적이어서는 안 됩니다. 때로는 분명하게 "이것은 잘못되었다"라고 말할 수 있어야 합니다. 모든 것을 긍정적으로만 보려는 태도는 현실

도피로 이어질 수 있고, 진짜 문제들을 외면할 위험이 있습니다.

진정한 지혜는 맹목적인 낙관주의가 아닌 '현실적 낙관주의'에서 나옵니다. 문제가 있을 때는 그것을 문제로 인정하되, 동시에 해결책과 성장의 기회를 모색하는 것이죠. 결국 진짜 지혜로운 사람은 좋은 것은 좋다고, 나쁜 것은 나쁘다고 정확히 판단할 줄 압니다.

64
고집이 아니라 유연함이 답이다

상대방이 옳은 것을 차지했다고 해서 고집스럽게 잘못된 것을 선택해선 안 된다. 그렇게 되면 당신은 이미 패배한 채로 싸움을 시작하게 되는 것이기에 곧 수치스럽게 도망쳐야 할 때를 만나게 된다. 나쁜 무기로는 결코 이길 수 없다. 상대방이 먼저 더 나은 편을 차지한 것은 현명한 일이다. 그렇다고 나중에 나쁜 것을 가지고 뒤처져서 그 상대방을 따라가려는 건 어리석은 일이다. 고집 센 사람들은 진실을 부정함으로써 진실을 잃고, 유용한 것과 다툼으로써 유용한 것을 잃는 실패와 곧 마주한다.

옳은 것을 인정하고 받아들이는 유연성은 지혜의 덕목입니다. 미국의 과학자 아이작 아시모프는 과학 분야에서 뛰어난 업적을 남긴 인물이지만, 자신의 견해를 수정하는 데에도 주저하지 않았다고 합니다. 그는 이렇게 말했습니다.

"과학에서 가장 흥분되는 문구는 '유레카!(발견했다!)'가 아니라 '이상하군'이다."

이 말은 고정관념에 얽매이지 않고 새로운 가능성에 마음을 여는 태도의 중요성을 보여 줍니다. 이러한 자세는 인간관계에서도 마찬가지입니다. 필요하다면 자기 잘못을 인정하고, 상대방의 옳음을 받아들이는 유연함이 있어야 합니다. 견해나 입장을 고집하지 않고 더 나은 아이디어와 해결책을 받아들이는 능력은 개인뿐 아니라 사회의 성장과 발전에도 핵심적인 요소가 됩니다. 편협한 자존심이나 낡은 믿음을 내려놓고, 더 나은 미래를 추구할 수 있는 용기가 필요합니다.

그러나 열린 태도만으로는 부족합니다. 수용과 인정의 바탕 위에 '자기만의 무기'가 필요합니다. 필살기가 없는 사람은 결코 두려움의 대상이 될 수 없습니다. 자신이 가진 장점을 끝없이 갈고닦아 누구도 쉽게 따라올 수 없는 경지에 오를 때, 비로소 진정한 경쟁력이 생깁니다. 그렇다고 해서 약점을 완벽히 없애야 한다는 뜻은 아닙니다. 약점은 치명적이지 않을 만큼만 보완하면 됩니다. 모든 약점을 다 극복하려다 보면, 오히려 개성이 사라지고 무난한 사람으로 남기 쉽습니다. 강점을 더욱 빛나게 하고, 약점은 관리할 수 있는 수준으로 조절하는 것이 전략입니다.

　역사를 돌아보면, 가장 극적인 승리는 늘 '자기 무기를 탓하지 않은 자들'에게서 비롯되었습니다. 예컨대 다윗은 커다란 갑옷이 아닌 작은 돌멩이 하나로 골리앗을 쓰러뜨렸고, 간디는 무력 대신 비폭력이라는 원칙으로 대영제국을 움직였습니다. 이들은 좋은 무기가 없다고 주저하지 않았습니다. 오히려 불리한 상황에서도 자신이 가진 것을 믿고 싸워 이겨 냈습니다. 그것이야말로 진짜 승리입니다.

65

다른 이에게 불행을 넘기는 법을 알라

누군가의 악의를 막아 줄 방패를 지니는 건 통치자의 필수 기술이다. 불만을 가진 사람들의 비난, 그리고 혐오를 대신 받을 누군가를 두는 건 고도의 능력이다. 모든 것이 잘 될 수는 없고, 모든 사람이 만족할 수도 없다. 자신의 양심을 잠시 희생하더라도 그러한 속죄양, 그러니까 불운하게 흘러간 일의 잘못된 결과를 대신 책임질 속죄양을 두어라.

리더십은 때때로 어려운 결정과 그에 따른 비난을 관리하는 능력이 필요합니다. 어려운 결정을 내려야 하고 때로는 그 결과에 대한 비난을 감수해야 하는 것이 리더의 숙명입니다. "성공은 열정을 잃지 않고 실패에서 실패로 걸어가는 능력"이라는 윈스턴 처칠의 말처럼 쉽지 않은 과정입니다.

리더는 싸워야 합니다. 이때 싸움에는 전략이 필요합니다.《손자병법》의 저자 손무는 "전쟁에서 가장 뛰어난 것은 싸우지 않고 적의 저항을 깨뜨리는 것이다"라고 말했습니다. 이는 직접적인 충돌을 피하고 전략적으로 상황을 관리하는 것의 중요성을 강조합니다.

필요하다면 위험을 회피하는 기술을 익혀야 합니다. 때로는 이상적인 것과 현실적으로 가능한 것 사이에서 균형을 찾는 것이죠. 상황에 따라서는 적절한 책임 분산도 리더십의 어두운 면이지만 때로는 필요한 기술이라는 점을 인정해야 합니다. 다만 이는 책임 회피가 아닌 전략적 관리의 차원에서 접근해야 합니다.

그러나 여기서 중요한 것은 전략적 사고와 최종 책임 사이의 균형입니다. 전술적 차원에서는 유연하게 대응하되, 궁극적으로는 모든 결정에 대한 책임을 져야 하는 것이 진정한 리더십입니다. 전략적 관리는 과정에서의 지혜이지, 결과에 대한 책임을 회피하는 수단이 되어서는 안 됩니다.

미국 대통령을 지낸 해리 트루먼은 'The buck stops here(책임은 여기서 끝난다)'라는 말을 자신의 집무실 책상에 명패로 새겨 놓았다고 합니다. 실제로 트루먼은 결정을 망설이는 각료들이 있으면, 모든 책임은 자신이 질 테니, 자신 있게 추진하라고 격려했습니다. 자신의 결정으로 진행된 결과를 타인의 책임으로 미루는 순간 우리는 리더가 아니라 그냥 권력에 취한 겁쟁이에 불과합니다.

66
당신의 빛을 가리는 사람을
곁에 두지 말라

당신을 그늘에 두게 하는 사람을 멀리하라. 그는 항상 제1 바이올린을 연주하고 당신은 늘 제2 바이올린을 연주할 수밖에 없다. 당신이 업적을 이룬다고 해도 그것은 그가 이룬 업적의 찌꺼기일 뿐이다. 달은 별들 사이에서만 빛날 수 있다. 태양이 뜨면 달은 빛을 잃는다. 당신을 가리는 사람과는 함께하지 말라. 당신의 빛을 온전히 빛나게 하는 사람과 함께하라. … 행운을 향해 가는 길에 있을 때는 탁월한 이들과 어울려야 한다. 행운을 얻었다면? 이제 평범한 이들과 어울려야 할 때다.

우리를 돋보이게 하는 사람들과 교제하는 것은 개인의 성장과 성공에 중요한 요소입니다. 이를 자신의 성장 도구로 활용한 대표적인 인물이 미국의 작가이자 투자자인 팀 페리스입니다. 페리스는 자신의 책《타이탄의 도구들》에서 세계 최고의 성공한 사람들을 인터뷰하고 그들의 습관과 전략을 배웠습니다.

이 책을 쓴 페리스의 말이 흥미롭습니다.

"당신은 당신이 가장 자주 시간을 보내는 다섯 명의 평균이다!"

이는 우리 주변 사람들의 영향력을 강조하며, 신중한 관계 선택의 중요성을 의미합니다. 세상은 우리가 꿈꾸는 대로 변하게 됩니다. 이를 위해 우리는 우리의 목표와 비전을 공유하고 지지하는 사람들과 함께해야 합니다.

우리의 사고방식과 행동은 우리가 교제하는 사람에 의해 영향받을 수밖에 없습니다. 한 회사에 취업하는 상황을 생각해 보겠습니다. 그 회사가 어떤 회사인지에 따라 한 개인의 운명도 좌우됩니다. 좋은 회사에서 일하면 좋은 생각을 하고, 나쁜 회사에서 일하면 나쁜 생각을 하기 때문입니다.

그런데 여기서 중요한 것은 관계 선택의 기준입니다. 단순히 자신을 돋보이게 하는 사람들과만 어울리는 것이 과연 진정한 성장일까요? 진짜 성장은 자신보다 뛰어난 사람들과 함께하면서 배울 때 일어납니다. 태양 곁에서 사라지는 걸 두려워하면 평생 작은 별로만 살게 됩니다. 자신보다 뛰어난 사람들과 함께할 때는 때로 자신이 초라해 보일 수 있습니다. 하지만 그런 환경에서야말로 진정한 학습과 성장이 일어납니다.

67

아무 생각 없이 사는 것보다
위험한 것은 없다

쉽게 믿지 말라. 쉽게 좋아하지 말라. 조심해서 믿고 조심해서 좋아할 때 정신적인 성숙이 이루어진다. 거짓말이 일상인 세상이기에 우리의 믿음은 비일상적이어야 한다. 쉽게 끌려가는 자는 곧 경멸에 빠진다. 그렇다고 타인의 선의를 의심한다는 걸 드러내진 말라. 이는 무례함에 모욕감을 더한 것이기 때문이다.

쉽게 믿거나 좋아하지 않는 태도는 성숙한 판단력의 핵심입니다. 미국의 천문학자 칼 세이건은 "특별한 주장에는 특별한 증거가 필요하다"라고 말했습니다. 이는 우리가 일상에서 마주치는 정보나 관계에 대해 비판적으로 접근해야 함을 의미합니다. 요즘처럼 '가짜 뉴스'가 범람하고, 감정적인 판단이 앞서는 시대일수록 우리는 더욱 신중해야 합니다. 아무 생각 없이 살아가는 것보다 더 위험한 것은 없습니다.

그러나 비판적 사고가 지나치면 삶이 삭막해질 수 있습니다. 모든 것을 의심하고 경계하다 보면, 결국 자신조차도 감정과 신뢰에서 멀어지게 됩니다. 세상이 모두 거짓말투성이라고 여긴다면, 진실한 감정의 순간조차 놓치기 쉽습니다.

가끔은 첫눈에 반한 사랑, 갑작스럽게 생긴 우정, 직감으로 시작한 도전 같은 것들이 삶을 더 풍요롭고 생기 있게 만들어 줍니다. 조심스럽게 믿고 조심스럽게 좋아하는 것도 중요하지만, 때로는 순수하게 믿고 사랑하는 태도야말로 더 큰 용기일 수 있습니다.

68
우정을 의심하지 마라.
그러나 의심된다면, 그것을 믿어라

아무나 친구로 삼지 말라. 진정한 친구는 지혜롭게 친구를 고른 사람에게 온다. 진정한 우정은 우연히 만들어지는 것이 아니라 의식적인 노력과 선택을 통해 생긴다. … 사람은 그의 친구로 판단된다. 현명한 사람은 어리석은 사람을 친구로 두지 않는다. 친구와의 우정에는 진짜 우정이 있고 가짜 우정이 있다. 가짜 우정은 오직 쾌락만을 얻지만 진짜 우정은 지혜를 얻게 한다. 좋은 친구는 걱정에서 벗어나게 하지만 나쁜 친구는 걱정을 불러온다.

좋은 친구를 선택하는 건 우리 삶의 질과 개인의 성장에 깊은 영향을 미칩니다. 어려운 순간에 곁을 지켜 주는 사람,

이상을 공유하고 지켜 줄 수 있는 사람이 있다면 그것만으로도 큰 힘이 됩니다. 진정한 우정은 단순한 결과보다, 함께한 시간 속에서 쌓아 온 과정과 가치를 더 중요하게 여겨야합니다.

우정이란 참으로 소중하게 다루어야 할 그 무엇입니다. 우정이 의심의 대상이 되어서는 곤란합니다. 다만 우정이 아무래도 의심된다면 그걸 믿어야 합니다. 우정에 대한 신뢰는 필요하지만 동시에 신중한 선택이 필요합니다.

아프리카 속담 중에는 "빨리 가려면 혼자 가고, 멀리 가려면 함께 가라"는 말이 있습니다. 장기적인 성공과 행복을 위해서는 수많은 친구보다 좋은 동반자를 선택하고, 그 관계를 성숙하게 유지할 수 있는 능력이 필요합니다.

그렇다면 좋은 친구란 누구일까요? 공자는 "자신보다 더 나은 친구하고만 사귀어라"라고 말했습니다. 여기서 '더 나은 친구'란 단순히 돈이 많거나, 지위가 높은 사람을 말하는 것이 아닙니다. 배울 점이 있는 사람, 나를 자극하고 성장하게 만드는 사람이 바로 더 나은 친구입니다. 그런 사람과 함께할 때 우리는 한 걸음 더 나아갈 수 있습니다.

하지만 반대로, 반드시 '배울 점 있는 사람'만 곁에 있어야 한다고 생각할 필요는 없습니다. 서로 다르고, 때로는 부족해 보여도 진심으로 나와 함께해 주는 사람들이 있다면 그것만으로도 우리는 충분히 위로받을 수 있습니다.

결국 진정한 우정은 완벽한 조건에서가 아니라, 서로의 부족함을 받아들이는 과정 속에서 더 깊어집니다.

69

돌을 더듬어 강을 건너라

짚단을 공중에 던져라. 그 짚단이 날리는 걸 보고 어디에서 바람이 불어와 어디로 바람이 부는지 확인하라. 그리고 시작하라. 어떤 일을 하기 전에, 특히 성공에 대한 의심이 드는 때에, 이렇게 함으로써 일이 어떻게 흘러갈지를 알 수 있으며, 이는 일의 계속 또는 멈춤 여부를 결정함에 도움이 된다. 다른 사람들의 의도를 미리 확인하라. 그 후에 비로소 자신이 해야 할 일을 시작할지, 그만둘지 결정하라.

　중요한 결정을 내리기 전, 상황을 신중하게 탐색하는 것은 전략을 성공적으로 실행하는 데 중요한 역할을 합니다. "돌을 더듬어 강을 건너라"라는 말처럼, 실용적이고 점진적인 접근은 불확실한 환경 속에서도 안정적인 길을 찾아주는 지혜입니다. 이념적 경직성보다는 유연한 사고, 실험적 시도, 현실적인 판단이 중요합니다.

무엇보다도 우리의 신념을 검증하고 재평가하는 태도가 필요합니다. 의심은 때때로 가장 확실한 출발점이 될 수 있기 때문입니다. 새로운 아이디어나 계획은 소규모로 시작해 보고, 그 과정에서 얻은 피드백을 반영하며 전략을 조정해 나가야 합니다. 예상대로 흘러가지 않는 것을 받아들이는 순간, 삶은 훨씬 유연해지고 여유로워집니다. 이것이 바로 '전략적 실험'의 힘입니다. 실패를 두려워하지 않고 작게 시도하며 배우는 자세가 결국 큰 성장을 이끕니다.

그러나 세상을 바꾼 사람들은 여기에 한 가지를 더합니다. 그들은 타이밍을 기다리는 것에만 머물지 않았습니다. 바람이 불기를 기다리기보다는, 자신이 바람이 되기를 선택한 것이죠. 일론 머스크가 테슬라를 시작할 때, 모두가 찬성하거나 확신했던 것은 아닙니다. 그는 다른 사람들의 의도를 확인하느라 시간을 보내지 않았습니다. 대신, 자신을 믿고 행동으로 밀고 나갔습니다. 신중한 탐색과 실험적 접근은 기본입니다. 하지만 그 위에 용기와 결단이 더해질 때, 변화는 현실이 됩니다.

70
천천히 걸으면
한꺼번에 많은 것을 볼 수 있다

서두르며 살지 마라. 특히 즐기는 법을 배워야 한다. 많은 사람이 자기에게 주어진 삶의 운을 너무나 빨리 소비해 버린다. 그들은 쾌락에 탐닉하다 그 한계를 넘어서고야 비로소 예전으로 돌아가고 싶다며 후회한다. … 무엇인 가를 아는 것에도 나름의 한계가 있어야 한다. 모르는 편 이 나은 것들은 배우지 말라. 즐김은 느리게, 일은 빠르게 하라. 사람들은 일이 끝남을 즐거움으로, 즐거움이 끝남 을 후회로 보기 때문이다.

삶의 속도를 조절하고 균형을 유지하는 것은 현대 사회 에서 더욱 중요해지고 있습니다. 깊은 성찰과 내면의 진실성이 요구되는 시대입니다. 외적인 성공보다는 내적인 성장에 초점을 맞출 때가 되었습니다. 삶은 앞으로 나아가야 하지만, 때로는 뒤돌아보며 이해해야 할 필요도 있습니다.

현재의 순간을 충실히 살면서 그 의미를 깊이 성찰할 줄 알아야 합니다. 천천히 걷는 사람이 오히려 한꺼번에 많은 것을 볼 수 있는 법이니까요. 서두르지 않고 삶을 살아갈 때 우리는 더 많은 것을 경험하고, 더 깊이 이해할 수 있게 됩니다.

하지만 여기서 질문 하나를 던져 봅니다. 과연 느린 삶이 곧 깊이 있는 삶일까요? 인생을 무조건 천천히 살아야 할까요? 무라카미 하루키는 매일 새벽 4시에 일어나 글을 쓰며 철저히 자기관리를 하고 있다고 합니다. 어떻게 보면 누구보다도 부지런하고 분주한 삶을 사는 작가입니다.

느림의 미덕은 분명히 존재합니다. 너무 급하게 살다 보면 중요한 것을 놓치기 쉽기 때문입니다. 하지만 반대로, 너무 느리게만 살아가다 아무것도 이루지 못한다면 그것 역시 아쉬운 일일 것입니다. 결국 중요한 것은 속도가 아니라 '속도에 대한 감각'입니다.

너무 자극적인 것에 자신을 노출하지 않으면서도, 주어진 시간과 기회를 허투루 흘려보내지 않는 태도가 필요합니다. 몰라도 될 것은 굳이 알 필요 없습니다. 어른인 척하기 위해 담배나 술부터 배우는 청소년들의 모습은 그런 점에서 안타깝습니다.

삶은 '멈춤'이 아니라 '조절'입니다. 나에게 맞는 속도를 찾고, 때로는 멈추고, 때로는 달릴 줄 아는 유연함이야말로 진짜 균형 아닐까요?

71

다가서기 쉬운 사람이 되지 말라

지나친 친밀함은 독毒이다. 친하게 다가서지 말라. 친하게 다가오지 못하도록 하라. 친밀함은 종종 자신의 우월적 영향력을 잃게 한다. 존경도 잃게 된다. 밤하늘의 별은 쉽게 다가설 수 없기에 더 빛나게 보이는 것이다. 신성神性은 품위를 요구한다. 지나친 친밀함은 경멸의 시작점이 된다. 사람 사는 세상에서 더 많이 보여 주는 사람은 결국 그가 가진 것을 점점 잃게 된다. … 친밀한 관계를 유지하는 건 바람직하지 않다. 윗사람을 대할 때는 위험하다. 아래 사람과의 관계는 어울리지 않는다. 친밀함은 저속함에 가깝다.

인간관계에서 '적절한 거리'를 유지하는 것은 존경과 영향력을 지키는 데 중요한 요소입니다. 이 원칙을 잘 실천한 인물로 영국의 전 수상 마거릿 대처를 들 수 있습니다. '철의 여인'이라는 별명으로 잘 알려진 대처는 강인하면서도 품위 있는 리더십으로 많은 사람에게 깊은 인상을 남겼습니다.

그는 진정한 강함은 굳이 드러내려 하거나 설명할 필요 없이 자연스럽게 나타나는 것이며, 스스로 강하다고 주장해야 한다면 그것은 진정한 강함이 아니라는 점을 보여 주었습니다.

적절한 거리 두기란 단순히 사람을 밀어내는 것이 아니라, 관계 속에서 자신의 중심을 지키고 불필요한 친밀함을 경계하며, 과시 없이도 자신을 인정받을 수 있는 균형 감각을 뜻합니다. 그러나 거리 두기가 아니라 때로는 진심 어린 친밀함이 관계를 깊게 하고, 더 큰 존경과 신뢰를 낳습니다.

위대한 인물 중에는 사람들과 친밀하게 지내면서도 진정성을 담은 소통을 통해 깊은 존경을 받은 이들이 많습니다. 친밀함을 경계하며 그것을 저속한 것으로 오해하는 태도는 결국 나 자신을 고립시키고, 외로운 삶으로 이끌 수 있습니다. 진짜 가치 있는 관계는 적절한 거리와 진심이 담긴 친밀함 사이의 균형에서 만들어집니다.

72
인생에서 중요한 것은
삶을 대하는 태도다

'여기'를 버리고 '저기'로 가라. 멀리서 온 것이라면 채색된 유리 조각이 다이아몬드의 가치를 능가할 수도 있다. 모든 색다른 것은 존중받기 때문이다. … 우리는 한때 자신의 마을에서 웃음거리였던 사람이 이제는 다른 세상에선 경이로움의 대상이 되어 존경받는 것을 목격한다. 제단 위의 조각상은 그것이 자기 집 정원의 나무토막임을 알았던 사람에게는 결코 존경의 대상이 될 수 없다.

환경의 변화는 때때로 우리의 잠재력을 일깨우는 강력한 촉매가 됩니다. 성공한 사람들은 기존의 익숙한 자리를 떠나 새로운 환경에서 성장의 계기를 맞이했습니다. 콜롬비아 출신의 작가 가브리엘 가르시아 마르케스 역시 그중 하나입니다. 그는 고향을 떠나 멕시코에서 머물며 세계적인 작가로 자리 잡았습니다.

마르케스는 "인생에서 중요한 것은 무엇이 일어나는가가 아니라, 그것을 어떻게 해석하느냐이다"라고 말합니다. 이 말은 우리에게 삶의 사건 자체보다 그에 대한 해석과 태도가 더 중요하다는 사실을 일깨워 줍니다.

이와 유사한 통찰을 철학자 에픽테토스도 "우리를 괴롭히는 것은 사건 자체가 아니라 그 사건에 대한 우리의 판단이다"라고 전합니다.

좌절은 사건 때문이 아니라, 그 사건에 대한 내 생각과 반응에서 비롯된다는 것입니다.

그렇다면 우리는 정말 어디에 있어야 할까요? 때로는 "여기에서 인정받지 못하면, 저리로 가라"라는 말이 무책임한 도피처럼 들릴 수도 있습니다. 다른 곳으로 옮긴다고 해서 문제가 저절로 해결되거나 인정받는 건 아니기 때문입니다. 오히려 인정과 존경은 상대가 내 진짜 모습을 아직 알지 못하기 때문에 생길 수도 있습니다. 결국, 진짜 실력과 태도는 어디서든 드러나게 되어 있습니다.

73
영원한 것은 변화밖에 없다

원하는 것을 남겨 두어라. 행복을 원한다면 우리의 영혼은 원하는 것이 있어야 한다. 모든 것을 갖고 있다면 오히려 그 모든 것은 환멸이요, 불만이 된다. 지식도 그렇다. 호기심을 자극하고 희망을 불러일으키기 위해 항상 알아야 할 것이 남아 있어야 한다. 행복도 지나치면 불행이 된다. 누군가에게 도움을 줄 때도 마찬가지다. 누군가를 완전히 만족시켜선 안 된다.

완전한 만족을 추구하기보다는 항상 열망할 무언가를 남겨 두는 것, 그것이 삶의 동력이 될 수 있습니다. 미국의 심리학자 아브라함 매슬로는 인간의 욕구 단계설을 통해 한 사람의 지속적인 성장과 자아실현의 중요성을 강조했습니다. 그는 "사람이 될 수 있는 것은 반드시 되어야 한다"라는 자아실현의 욕구를 말합니다. 이는 끊임없는 자기 발전과 성장의 중요성을 뜻합니다. 완전한 만족보다는 지속적인 열망의 가치를 인정하는 태도이기도 합니다.

어쩌면 길을 걷는 것, 그 자체가 곧 인생의 목적지일지도 모릅니다. 그래서 우리는 최종 목표의 달성보다는 그 목표를 향해 나아가는 노력 그 자체에서 의미를 발견해야 할지 모릅니다. 결국 영원한 것은 변화뿐이기에, 인생에서 정체되지 않고 계속해서 새로운 목표를 설정하고 추구하면서 하루하루를 살아가는 것이 중요합니다.

부족함 앞에서 좌절하기보다는, 그 부족함을 새로운 목표와 꿈을 다지는 기회로 삼을 수 있기를 바랍니다.

그러나 그렇다고 해서 지금 주어진 행복마저 미뤄 둘 필요는 없습니다. 맛있는 건 먼저 먹는 게 맞지 않을까요? 우리는 언제 모든 걸 가져 본 적이 있었던가요? 자신에게 다가온 행복을 굳이 제한할 이유는 없습니다. 만족을 두려워하지 마세요. 행복해질 수 있을 때, 기꺼이 행복해하는 것도 우리의 성장을 위한 또 하나의 지혜입니다.

74

아무것도 하지 않는 삶이
위험하다

쾌락을 절제하라. 쾌락에 따른 불행의 가능성을 고려하라. 쾌락에의 충동은 신중함을 잊게 하고 결국 파멸의 위험을 부른다. 분노나 쾌락의 순간은 당신을 평온함에서 멀어지게 하고 이런 짧은 기분 전환의 순간이 당신의 전체 삶을 부끄럽게 만든다. … 위험을 아는 자는 일상의 모든 순간을 주의 깊게 여행할 줄 안다. 말을 내뱉는 사람에게는 가벼워 보일 수 있는 말이 그것을 듣고 곰곰이 생각하는 사람에게는 치명적일 수 있다.

감정과 이성 사이의 균형을 유지하는 것은 성공적인 삶의 핵심입니다. 로마의 황제인 마르쿠스 아우렐리우스에게 영향을 준 스토아 학파의 철학자들은 자기 절제와 이성적 판단의 중요성을 강조했는데, 그들은 "당신을 화나게 하는 것은 사건 자체가 아니라 그것에 대한 당신의 판단"이라는 주장을 펼쳤습니다.

감정적 반응을 조절하고 상황을 객관적으로 바라볼 수 있어야 합니다. 자신을 아는 사람은 현명하고, 자신을 이기는 사람은 강한 법입니다. 자기 인식과 자기 통제를 통해 극단을 피하고 균형을 찾는 것이 진정한 지혜라는 걸 우리는 자주 잊곤 합니다.

하지만 균형은 이성만으로 얻어지는 것이 아닙니다. 때로는 감정이 이끄는 방향으로 용기 있게 움직이는 것도 필요합니다. 인생에서 가장 후회되는 것은 한 일이 아니라 하지 않은 일들입니다. 쾌락이나 충동 자체를 두려워하기보다는, 그것을 어떻게 다룰 것인지에 집중해야 합니다. 물론 그 쾌락이 마약이나 도박처럼 자기 파괴적이어서는 안 되겠지만요.

결국 진짜 위험한 건, 위험을 두려워한 나머지 아무것도 하지 않는 삶입니다. 너무 안전하게만 살다가, 인생의 끝에서 "나는 대체 무엇을 위해 살았지?"라고 후회하지 않기를 바랍니다.

75
원하는 것을 얻기 위해 부탁할 때, 타이밍이 전부다

부탁에도 기술이 필요하다. 거절이 일상인 사람들이 있다. 그들의 첫 마디는 '아니오'다. 그들에게 부탁하기 위해선 기술이 필요한데 특히 적절한 순간을 잘 포착해야 한다. 그들이 즐거울 때, 몸도 마음도 모두 풍족할 때, 그때 부탁해야 한다. … 다른 사람이 거절당한 후에는 부탁해야 소용없다. '아니오'라고 말하는 것에 거리낌이 없는 상태이기 때문이다.

"누군가에게 부탁을 들어 달라고 하는 것보다, 그 사람에게 부탁을 들어줄 기회를 주는 것이 더 좋다"라는 말이 있습니다. 이 말은 상대방의 자존감을 지키면서 요청하는 태도의 중요성을 잘 보여 줍니다.

철학자 아리스토텔레스는 설득의 세 가지 요소로 '에토스(신뢰)', '파토스(감정)', '로고스(논리)'를 제시했습니다. 이는 단순한 논리만으로는 사람의 마음을 움직일 수 없음을 말해 줍니다. 설득, 부탁, 요청은 논리적 타당성뿐 아니라 관계의 신뢰와 감정의 공감이 함께 어우러져야 비로소 완성되는 예술입니다.

요청이란 단순히 말을 건네는 행위가 아니라, 타인의 심리와 상황을 읽어 내고, 그에 맞는 말과 태도를 선택하는 것입니다. 요청의 시기, 말투, 상대방의 기분, 지금의 환경 등이 모든 것을 고려하는 세심함이 있어야 효과적인 소통으로 이어질 수 있습니다.

그렇다고 해서 항상 눈치만 보며 타이밍만 재고 있을 필요는 없습니다. 가까운 사람이라면 기분이 조금 안 좋을 때도 기꺼이 부탁을 들어줄 수 있습니다. 오히려 그런 순간에 진정한 관계의 깊이가 드러나곤 합니다. 상대가 기분 좋을 때만 찾는 건 우정이 아니라 의존일 수 있습니다. 중요한 일이라면 당당하게 요청해도 됩니다.

PART 4

의미 있는 인생을 만드는
궁극의 통찰

76

지식이 없는 인격은 허약하고,
인격이 없는 지식은 위험하다

탁월한 지성도 사악한 뜻과 결합하게 되면 결국 기괴한 괴물이 될 뿐이다. 사악한 의지는 모든 탁월함을 해치는 독과 같다. … 오직 파멸에 이를 뿐인 비참한 우월함! 분별없는 지식은 두 배의 어리석음이다.

지식이 덕에 해를 입히면 곤란합니다. 진정한 지식은 올바른 행동으로 이어져야 합니다. 우리의 지식은 단순한 정보의 축적을 넘어, 그것을 어떻게 사용하느냐가 중요합니다. 지식은 그것을 창의적이고 윤리적으로 활용하는 능력이 더해져야 가치를 발합니다.

지식과 악의가 결합했을 때의 위험성은 역사를 통해 여

러 차례 증명되었습니다. 나치 독일의 지도자들이 대표적입니다. 뛰어난 연설 능력으로 독일 국민의 지지를 얻은 히틀러의 독일 민족 우월주의, 나치 독일의 선전부 장관으로서 민주주의의 문제점을 비판하는 글을 쓰는 등 지적인 면모를 보이며 '악마의 혀'로 대중을 선동한 요제프 괴벨스가 그 예입니다.

이런 사례를 역사에서만 찾을 수 있을까요? 현대에도 기업의 수장이 비도덕적으로 회사를 운영하여 파국을 맞는 경우가 허다합니다. 지식이 없는 인격은 허약하지만, 인격이 없는 지식 역시 위험합니다. 지식의 발전은 반드시 도덕적 발전과 함께 이루어져야 합니다.

이런 맥락에서 피터 드러커의 조언은 더욱 의미가 깊습니다.

"가능한 일부터 시작하지 말고, 옳은 일부터 시작하라."

일이 진행될수록 옳은 방향으로 나아가야 가능한 성과를 낼 수 있으며, 단순히 가능한 일만을 쫓다 보면 잘못된 선택으로 이어질 수 있습니다. 옳은 일을 다른 누구보다도 잘 해내면 이익은 저절로 따라오는 것입니다. "이로움을 추구하지 말고, 의로움을 추구하라"라는 맹자의 말도 같은 맥락에서 무엇이 더 중요한 것인지 우선순위를 명확히 보여 줍니다.

그러나 여기서 한 가지 딜레마가 생깁니다. 세상을 바꾼 혁신가들은 과연 매번 '이게 윤리적인가?'를 고민했을까요? 실상은 그렇지 않습니다. 그들은 그냥 해냈습니다. 진짜 살아있는 지식은 가끔은 불편하며 때로는 파괴적입니다. 준비되지 않은 지식이나 신념이 세상을 망칠 수 있다는 경고와, 때로는 파괴적인 혁신이 필요하다는 현실 사이에서 우리는 어떤 균형점을 찾아야 할까요?

결국 답은 지식과 도덕적 성찰이 함께 성장해야 한다는 점에 있습니다. 윤리적 고민 없는 혁신은 위험하지만, 과도한 윤리적 고민으로 인한 정체 역시 바람직하지 않습니다. 중요한 것은 우리가 추구하는 것이 근본적으로 '옳은 일'인지를 끊임없이 성찰하면서도, 그 옳음을 실현하기 위해서는 때로 과감한 결단을 내릴 수 있는 용기를 갖는 것입니다.

77

깊이 파고들어라

> 탁월함은 양量이 아닌 질質에 있다. … 어떤 사람들은 책을 두께로 평가한다. 마치 책이 뇌가 아닌 근육을 위해 쓰였다고 생각하는 것처럼. 크기만으로는 결코 평범함을 넘어서지 못한다.

'르네상스 맨'이라는 용어가 있습니다. 다양한 분야에서 모두 두각을 나타내는 인물을 뜻합니다. 하지만 넓기만 하고 얕은 지식을 지닌 사람은 아쉽습니다. 현실에서는 피상적인 지식만을 뽐내기 때문입니다. 넓이는 우리에게 다양한 관점을 제공하지만, 깊이는 우리를 진정으로 탁월하게 만듭니다.

일본의 '장인 정신'은 이러한 깊이의 중요성을 잘 보여 줍니다. 한 분야에 평생을 바치는 장인들은 그들의 좁은 영역에서 놀라운 혁신과 아름다움을 만들어 냅니다. 스티브 잡스가 말했다는 "깊이 파고들어라Go deep"라는 조언과도 일맥상통합니다.

넓은 시야를 포기하라는 것은 아닙니다. 넓은 기초 지식 위에 깊은 전문성을 쌓아야 합니다. 마치 나무가 넓게 뿌리를 내리고 높이 자라는 것과 같이 말입니다. 우리의 목표는 '무작정 만능'이 되는 것이 아니라 '깊이 있는 전문가'가 되는 것입니다.

"양적 증가가 질적 변화를 가져온다."

헤겔의 말입니다. 문제는 질적 변화를 가져올 만큼 큰 양적 변화를 이루어야 한다는 데 있습니다. 질적 변화를 가져오지 못하는 양적 변화는 의미가 없습니다. 왜 그럴까요? 결국 중요한 것은 질적 수준의 차이에 있기 때문입니다.

일본의 장인 정신은 분명 경외심을 불러일으키는 태도입니다. 한 우물만 파는 집념과 세세한 부분까지 놓치지 않는 꼼꼼함이 있어야 진정한 장인이 될 수 있으니까요. 그러나 완벽주의가 때로는 융통성 없는 고집으로 비칠 수도 있습니다. 급변하는 세상에 적응하지 못하고 도태되는 장인들의 모습에서 그런 아쉬움을 보게 됩니다.

따라서 우리에게 필요한 것은 전문성과 적응력의 균형입니다. 깊이 있는 전문성을 바탕으로 하되, 변화하는 환경에 유연하게 대응할 수 있는 능력을 함께 갖추어야 합니다.

78

눈앞에 꽃길만이 보일 때가
가장 위험하다

이기고 있을 때 물러나라. 최고의 선수들은 이렇게 했다. 훌륭한 후퇴는 용감한 공격만큼이나 중요하다. 충분할 때, 또는 심지어 업적이 많을 때가 당신을 감출 때다. 행운이 오래 지속될 때 스스로 의심하라. 중단된 행운이 더 안전한 법이다. 쓴맛과 단맛이 조금 섞여 있어야 더욱 달콤하게 느껴지는 것처럼.

성공의 절정에서 물러나는 것은 위대한 지혜입니다. 단순히 승리에 만족하는 것을 말하는 것이 아닙니다. 더 큰 성공을 위해 전략적으로 후퇴하는 것을 의미합니다. 조심하세요. 모든 것이 순조로울 때가 가장 위험에 가까운 순간이니까요.

물론 우리는 세상을 살아가면서 '더 많이, 더 오래'라는 압박에 시달립니다. 하지만 자연의 법칙은 세상 모든 일에는 절정의 순간이 있음을 늘 알려 줍니다. 주식시장에서 최고점을 예측하기 어렵듯이, 우리의 개인적 성공에서도 그 정점을 정확히 파악하는 것은 쉽지 않습니다.

때를 아는 것은 인생을 사는 지혜의 근본입니다. 잘 살고자 한다면 정점을 인식하고 그 순간을 최대한 활용한 후 거리를 두어야 합니다. '승리의 절제'를 실천하는 것이야말로 지속할 수 있는 성공의 열쇠가 됩니다.

시중時中은 "그 시점에서 가장 적절한 일을 행동하는 것"을 말합니다. 유교에서 중요한 개념이죠. 눈앞에 꽃길만이 보이는 그때가 가장 위험합니다.

우리 사회에는 어른이 없다는 말을 많이 합니다. 어른이 없는 이유는 지혜로운 노인이 없다는 이야기도 되지만, 진짜 이유는 다들 현역으로 뛰고 있기 때문입니다.

정계에서 은퇴한 정치인을 찾아가서 "누가 이번 대선에 후보로 가장 적절합니까?"라고 기자가 물었습니다. 잠시 물끄러미 쳐다보더니, "이번에 제가 후보로 나서기로 결정했습니다"라고 답했다네요. 이런 분은 '어른'이 아니라 '선수'

입니다. 아직 물러날 때를 모르는 것입니다. 영원한 현역은 어른이 아닙니다.

그러나 현대는 승자독식의 사회입니다. 한 발 뒤로 물러나면 그 자리를 다른 사람에게 내주게 됩니다. 강자는 늘 앞으로 나아가고, 성공한 사람들은 기회를 놓치지 않습니다. 이것이 우리가 직면한 딜레마입니다.

79

모든 것이 잘 끝나면
모든 것이 좋다

입장할 때의 박수보다는 퇴장할 때의 우아함이 더욱 중
요하다. 불운하다고 여겨지는 사람들에겐 공통점이 있
다. '행운 가득한 시작'과 '극히 비극적인 종말'이 그것이
다. 입장할 때 그 누구나 받는 뻔한 박수보다는 퇴장할 때
사람들이 어떤 감정으로 당신을 바라보느냐가 문제다.
인생에서 '앙코르'를 요청받는 사람은 거의 없다. 행운은
결코 퇴장하는 문까지 동행하는 법이 없다. 행운은 오는
손님은 따뜻하게 맞이하나 떠나는 손님은 냉담하게 배웅
한다.

인생에서 시작만큼이나 중요한 것이 '끝맺음'입니다. 많은 사람이 첫인상의 중요성을 강조하지만, 마지막 인상은 종종 더 오래 지속됩니다. 셰익스피어는 "모든 것이 잘 끝나면 모든 것이 좋다"라고 말했습니다. 결과는 과정만큼이나 중요합니다.

특히 인간관계가 그런 듯합니다. 처음에는 좋아 죽다가, 끝에는 싫어서 죽는 경우가 한두 번이 아니니까요. 관계든 무엇이든 진정한 성공은 이렇게 끝맺음하느냐에 달려 있습니다. 끝이 아닌 여정도 물론 중요하지만, 그 여정이 어떻게 끝나느냐가 결국 모든 것을 결정하는 듯합니다.

인생도 그렇죠? 인생의 마지막 날이 결국 모든 날을 판단하게 됩니다. 우리의 최종 행동과 태도가 전체 삶을 정의할 수 있다는 것입니다. '퇴장의 예술'이라고나 할까요? 순간의 박수를 받는 것이 아니라, 지속적인 존경과 긍정적인 유산을 남길 수 있게 되기를 바랍니다.

그러나 냉혹한 현실을 직시해야 합니다. 당신이 정상에 있을 때는 모두가 당신의 친구입니다. 하지만 몰락이 시작되는 순간 그들은 당신의 실패를 즐기는 관객이 됩니다. 아름다운 퇴장은 이상이고, 현실은 더 치열하고 잔혹합니다.

80
진흙탕 속에서 굴러 봐야
결국 진흙만 묻을 뿐이다

최고로 어려운 일에서 최고의 탁월함을 발휘해야 한다.
… 탁월함이 없이는 위대한 사람이 될 수 없다. 평범함은
결코 박수받지 못한다. 뛰어난 자리에서 발휘하는 탁월
함은 한 사람을 평범한 사람들과 구별하면서 선택받은
사람의 대열에 오르게 만든다. 보잘것없는 자리에서 뛰
어나 봐야 보잘것없이 위대하다. 편할수록, 평범할수록,
얻게 되는 영광은 뻔하다.

탁월함을 추구하는 것은 인간의 기본적인 욕구 중 하나
입니다. 평범함은 단순히 게으른 사람들의 변명일 뿐이라
는 말도 있습니다. 우리는 모두 자신의 분야에서 뛰어날 수

있는 잠재력을 현실화하고 싶어 합니다.

　탁월함은 단순히 타인과의 비교에서 오는 것이 아닙니다. 오히려 그것은 자신의 한계를 극복하고 계속해서 성장하려는 노력에서 비롯됩니다. 그 어떤 위대한 음악가라도 "연습 없는 천재는 없다"라는 말에 동의할 겁니다. 예를 들어, 피아니스트 조성진은 타고난 재능 위에 매일의 반복 연습을 쌓아 세계적인 무대에 섰습니다.

　천재는 재능이 아닌 노력 면에서도 탁월합니다. 그 탁월함이 희귀하기에 천재 대접을 받습니다. 우리도 하면 됩니다. 위대한 일은 결국 작은 일들의 총합이기 때문입니다. 예컨대, 스티브 잡스는 부모 차고에서 작은 시도를 이어 간 끝에 결국 세계인의 일상을 바꾸는 혁신을 만들어 냈습니다. 이처럼 우리가 현재 맡은 역할이 아무리 작아 보여도 최선을 다한다면 언젠가는 세상을 바꾸는 진정한 탁월함도 발휘할 수 있습니다.

　현실을 직시해야 할 순간도 있습니다. 재능이란 것, 정말 있더라고요. 진정한 탁월함은 태어날 때 이미 정해져 있다는 것을 종종 느낍니다. 재능만 있으면 되는 것일까요? 그마저도 제대로 된 무대에 설 기회가 주어져야만 빛을 발할 수 있습니다.

그렇다면 우리는 어떻게 이 딜레마를 해결해야 할까요? 노력과 재능, 기회와 현실 사이에서 말입니다. 아마도 답은 균형에 있을 것입니다. 재능의 존재를 인정하되 그것에만 의존하지 않고, 현실의 제약을 받아들이되 그 안에서도 최선을 다하는 것입니다.

81

승자는, 설명할 필요가 없다

모든 일은 끝이 좋아야 한다. 누군가는 승리보다 게임의 엄격함을 더 중요하게 여긴다. 하지만 세상은 아무리 게임을 공정하게 한다고 해도 최종 실패에 따른 불명예를 인정해 주지 않는다. 승자는, 설명할 필요가 없다. 세상은 승리를 위해 무엇을 어떻게 했는지에 대해 관심이 없다. 오직 결과의 좋고 나쁨만이 관심이다. 목적만 달성한다면 당신은 아무것도 잃지 않는다. 승리는 과정상의 불만족스러움조차 금빛으로 물들인다. 때로는 정정당당한 방법으로 원하는 걸 얻어 낼 수 없다면, 규칙을 위반하는 것도 삶의 기술이 된다.

인생에서 과정도 중요하지만, 결과 역시 무시할 수 없는 요소입니다. 언젠가 한 수험 관련 유튜버가 한 말이 기억납니다.

"일단 합격하라! 그리고 합격의 고단했던 과정을 각색하라!"

이 말은 현실적이면서도 다소 충격적인 진실을 담고 있습니다.

목적이 수단을 정당화하는 것은 아닐까요? 실제로 결과 중심의 사고는 현대 사회에서 더욱 중요해지고 있습니다. 물론 무엇인가를 행할 때 윤리적 고려를 완벽히 무시해도 된다는 뜻은 아닙니다. 독일의 철학자 임마누엘 칸트가 "인간을 수단으로만 대하지 말고 목적으로 대하라"라고 말했듯이 말입니다.

성공적인 결말을 위해서는 유연성과 윤리성 사이의 균형이 필요합니다. 단순히 성공을 위해 모든 수단을 정당화하는 것이 아니라, 목표 달성을 위해 창의적이고 효과적인 방법을 찾되, 그 과정에서 기본적인 윤리와 가치를 지키는 능력도 필요합니다. 허위 학위 등으로 출세한 사람들이 결국 결정적 순간에 밝혀져 나락으로 가는 경우를 우리는 너무

나도 흔하게 봅니다.

그렇다면 성공의 본질은 무엇일까요? 포커판의 비유로 설명해 보겠습니다. 포커판은 중간에 아무리 잘해도 마지막에 일어서서 신발끈을 맬 때 웃는 사람이 승자입니다. 그럼 어떤 사람이 가장 돈을 많이 딸까요? 가장 많은 판에서 이긴 사람일까요? 틀렸습니다. 가장 큰 판을 딴 사람입니다.

많은 판을 이기는 횟수도 물론 중요합니다. 그러나 더 중요한 것은 얼마나 큰 판을 얼마나 많이 이겼느냐입니다. 인생도 마찬가지입니다. 작은 성취들이 쌓이는 것도 의미가 있지만, 인생을 바꾸는 것은 결정적 순간에서의 승리입니다. 게임에서 중요한 것은 승리하는 방법을 터득하며, 특히 중요한 순간을 식별하고 그때 최선의 선택을 하는 능력입니다. 이는 앞서 언급한 윤리와 효율성의 균형과도 연결됩니다. 작은 판에서는 완벽한 윤리적 기준을 고수할 수 있겠지만, 인생을 좌우하는 큰 판에서는 때로 더 과감하고 전략적인 결단이 필요할 수 있습니다.

결국 세상은 단순합니다. 내가 성공하면 그 과정에서 일어났던 나의 모든 비윤리적 행위는 '전략적 결단'이 됩니다. 실패하면? 나의 모든 정당한 노력은 '무능한 고집'이 됩니다. 역사는 언제나 승자의 관점에서 다시 쓰입니다. 이는 냉혹한 현실이지만 부정할 수 없는 진실입니다. 스티브 잡스의 독단적이고 때로는 비인간적인 경영 방식은 애플의 성공 이후 '혁신적 리더십'으로 재평가되었습니다. 반면 비슷한 방식으로 경영했지만 실패한 CEO들은 '독선적이고 소통하지 않는 리더'로 기억됩니다.

82

나를 죽이지 못한 것은
나를 더 강하게 만든다

현명한 사람은 바보가 그의 친구들로부터 얻는 것보다 자신의 적들로부터 더 많은 것을 얻는다. … 많은 사람이 그들의 적들로 인해 오히려 위대해졌다. 아첨은 증오보다 더 위험하다. 증오는 잘못된 문제점을 지우지만 아첨은 그것을 덮어 버리기 때문이다. 현명한 사람은 악의를 친절보다 더 자신을 이끄는 거울로 만들어 자기의 결점을 없애고 또 개선한다. 경쟁자나 자신을 싫어하는 사람이 있으면 오히려 더 조심스럽게 행동하게 된다.

'역경'과 '적대'는 누구나 피하고 싶은 단어입니다. 그러나 아이러니하게도 이 두 가지는 우리의 성장을 촉진하는 강력한 동력이 되기도 합니다. "불행은 우리의 가장 위대한 교사다"라는 말처럼 우리가 직면하는 어려움이 오히려 우리를 더 강하고 현명하게 만든다는 뜻입니다.

예를 들어, 미국의 농구 선수 마이클 조던은 고등학교 시절 농구팀에서 탈락하는 좌절을 경험했지만, 그 실패를 연습의 원동력으로 삼아 결국 '농구의 전설'이 되었습니다. 좌절이 없었다면 그의 놀라운 집념도 없었을 것입니다.

특히 '적대'는 우리에게 불편한 진실을 마주하게 만들며, 약점을 드러내는 계기가 되기도 합니다. 이때 중요한 것은 그 불편함을 부정하거나 외면하는 것이 아니라, 자기 개선의 기회로 삼는 것입니다. 《손자병법》에 나오는 "적을 알고 나를 알면 백전백승"이라는 말은 단순한 전술적 격언을 넘어, 타인을 통해 자신을 이해하고 성장할 수 있다는 깊은 통찰을 담고 있습니다. 실제로 많은 기업가들이 경쟁자의 강점을 분석하면서 오히려 자사의 부족한 점을 깨닫고 혁신의 길로 가기도 합니다.

혹시 당신의 결점을 지적하는 친구가 있다고 해 볼까요? 어쩌면 그 친구야말로 가장 진실한 친구일지 모릅니다. 그러나 우리의 감정은 때로 그런 진심보다 불편함에 더 민감하게 반응하곤 하죠. 솔직히 말해, 나의 결점을 알고 있는 사람은 언제든 나를 위협할 수 있는 존재처럼 느껴지기도 합니다. 이 냉혹한 세상에서 살아남으려면 아첨하는 자는 이용하되 믿지 말고, 증오하는 자는 제거하되 드러내지 말라는 냉정한 태도가 필요하다는 주장도 있습니다. 결국 우리의 진짜 친구는 '이해관계'뿐일지도 모릅니다.

하지만 그렇다고 해서 모든 관계를 불신 속에서만 볼 필요는 없습니다. 진실한 친구는 불편한 진실을 감싸지 않고 말해 주며, 그런 관계가 오히려 우리를 성장시킵니다. 직장 상사의 날카로운 피드백이나 선생님의 꾸중이 처음에는 불편하게 다가오지만, 시간이 지나면 그것이 가장 값진 성장의 씨앗이었음을 깨닫게 되는 것처럼 말입니다.

진정한 성장은 언제나 불편한 진실을 직면하는 순간에서 시작됩니다. 역경, 적대, 그리고 진심 어린 충고는 우리를 단단하게 만들고 더 큰 도약으로 이끌어 줍니다.

83

영혼이 아름다울 때
모든 것이 따라온다

인간은 짐승으로 태어난다. 오직 문화를 통해서만 짐승에서 인간이 될 뿐이다. 문화가 인간을 만든다. 더 인간다울수록, 더 문화적 소양이 높아져야 한다. 고대 그리스가 다른 나라를 야만인의 나라라고 부를 수 있던 이유였다. 무지無知는 날것이다. 지식은 문화 그 자체다. 다만 이때 우아함이 없다면 지식조차 거칠게 된다. 우리의 지성만이 우아해야 하는 것이 아니다. 우리의 욕망, 그리고 무엇보다 우리의 대화가 우아해야 한다.

문화는 인간을 정의하는 핵심 요소입니다. 이때 지식은 문화의 기초이지만, 그 자체로는 충분하지 않습니다. 지식의 꽃은 지혜의 열매를 맺어야 비로소 그 목표를 이루는 것입니다. 정보 홍수의 시대일수록 단순한 정보의 축적을 넘어 그것을 우아하게 적용하는 능력이 중요합니다.

우아함은 단순히 외적인 것에 한정되지 않습니다. 내면에서 비롯된 우아함이 결국 드러나기 때문입니다. 우리의 영혼을 아름답게 가꿔야 할 이유입니다. 영혼을 잘 가꾸면 외면의 우아함은 저절로 따라올 것입니다. 억지로 만든 우아함은 천박할 뿐입니다.

문화와 우아함의 부재는 개인과 사회에 부정적인 영향을 미칠 수 있습니다. 인간으로서 우리의 첫 번째 의무는 야만성을 거부하는 데서 시작되어야 합니다. 품격 있는 세상을 꿈꾸기 전에 나의 품격부터 돌아보는 것이 먼저입니다.

그런데 '문화'라는 말이 혹시 기득권자들이 만든 차별의 도구는 아닐까요? 고대 그리스가 다른 나라를 '야만'이라 부른 것처럼 말입니다. 문화란 것이 결국 남을 배제하고 지배하기 위한 수단은 아닌지 의심스럽습니다.

문화가 필요 없다는 것이 아닙니다. 다만 인간에게는 문화에 앞선 본성이 있음을 인정하자는 말입니다. 진정한 품격은 외부에서 주입된 규칙을 맹목적으로 따르는 것이 아니라, 우리 내면의 선량한 본성에서 우러나와야 합니다.

따라서 우리에게 필요한 것은 문화에 대한 균형 잡힌 시각입니다. 한편으로는 문화가 주는 지혜와 아름다움을 수용하되, 다른 한편으로는 그것이 억압의 도구로 변질되지 않도록 경계해야 합니다. 위선적 문화를 마주할 때는 그 문화라는 게임의 규칙을 어떻게 지혜롭게 활용할 것인지 고민해야 합니다.

84

옳은 일이 불가능해 보일 때,
그때가 옳은 일을 할 때다

현실에 순응하며 살아야 한다. 지식조차도 유행을 따라야 하는 것이다. 그렇게 할 수 없다면 아예 무지를 가장하고 사는 편이 현명하다. 생각과 취향은 시대와 함께 변하는 법이다. 구시대적 사고방식에 얽매이지 말고 가능한 당신의 취향이 현대적 스타일이 되게 하라. 아무리 과거가 더 나아 보이더라도 생각과 외모까지도 현재에 적응해야 한다. 다만 이러한 것은 친절함, 그리고 선함이라는 덕목에는 적용되지 않는다. 친절함이나 선함이 구닥다리로 보일지라도 이는 그 어떤 시대에서도 꼭 필요한 것이다. … 우리 시대가 미덕을 낯선 것으로 여기고 악덕을 당연한 것으로 여긴다면 얼마나 불행한 것인가!

세상은 끊임없이 변화하며, 이러한 변화에 적응하면서도 근본적인 가치를 지키는 것은 현명한 삶의 핵심입니다. 물리학자 알베르트 아인슈타인은 혁명적인 상대성 이론으로 기존 물리학의 패러다임을 뒤엎었지만, 동시에 평화와 인류애라는 보편적 가치를 옹호하며 훗날 존경받는 인물이 되었습니다. 이는 우리가 시대의 흐름을 읽고 변화를 주도하되, 인간으로서 지켜야 할 기본적인 도리를 잊지 않아야 함을 보여 줍니다.

　우리는 살아가면서 늘 무언가를 배웁니다. 하지만 배움은 그 자체로 끝나선 안 됩니다. 진정한 교육은 세상을 읽는 법을 배우는 것뿐만 아니라 그것을 변화시키는 방법을 배우는 것입니다. 즉, 현실에 단순히 적응하는 것을 넘어 능동적으로 세상을 변화시킬 수 있는 태도가 우리의 배움과 함께해야 합니다. 변화는 생존을 위한 필수 조건입니다. 변화하지 못하는 존재는 도태될 수밖에 없습니다.

　철학자 헤라클레이토스는 "이 세상 모든 것은 변한다. 다만 변한다는 사실만이 변하지 않을 뿐이다"라고 말했습니다. 우리가 변화시킬 수 있는 유일한 대상은 바로 우리 자신입니다. 그리고 자신을 변화시키는 가장 강력한 방법은 다름 아닌 배움입니다. 급변하는 세상에서 스스로 변화를 게을리하는 사람은 결국 도태될 수밖에 없습니다. 이는 개인뿐만 아니라 조직에도 동일하게 적용됩니다. 스스로 혁신하지 않는 조직은 외부의 압력에 의해 강제로 혁신될 수밖에 없습니다.

《주역》에 "궁즉변 변즉통窮則變 變則通"이라는 말이 있습니다. 이는 어려움에 부닥치면 변화해야 하고, 그 변화에 성공해야 비로소 해결책을 찾을 수 있다는 뜻입니다. 단순히 어려움에 부닥쳤다고 해서 저절로 돌파구가 생기는 것은 아닙니다. 예를 들어, 성과 부진을 호소하는 비즈니스맨에게 "어떻게 일을 하기에 성과가 안 나오죠?"라고 물었을 때 "별거 있나요? 평소 하던 대로 하는 거죠!"라는 답변을 듣는다면, 이는 결코 성과를 낼 수 없는 태도입니다. 늘 하던 대로만 해서는 새로운 성과를 기대할 수 없습니다.

그러나 이처럼 변화와 혁신이 중요하다고 해서 모든 가치가 변해도 괜찮다는 의미는 아닙니다. 근본적인 가치는 변하지 않습니다. 때로는 시대의 흐름에 역행하더라도 보편적인 가치와 원칙을 지켜야 할 때가 분명히 있습니다. 혁신적인 사고로 시대를 앞서가되, 동시에 보편적인 가치를 잊지 않아야 하는 이유가 여기에 있습니다.

안타깝게도 가끔 시민단체 리더들의 비리가 폭로되는 뉴스를 접할 때가 있습니다. 겉으로는 선량함을 내세우면서 뒤로는 온갖 부도덕한 행위를 일삼는 모습은 절망감을 안겨 줍니다. 이러한 이중적인 태도는 분노를 유발합니다. 차라리 솔직하게 자신의 이기심을 드러내고 행동한다면 최소한 기만은 하지 않은 것이기에, '선량함이라는 이름으로 포장된 나쁜 짓'보다는 '정직한 이기심'이 훨씬 더 편안하게 느껴집니다. 이는 우리가 추구해야 할 변화와 혁신 속에서도, 정직함과 같은 근본적인 윤리적 가치가 얼마나 중요한지를 다시 한번 상기시켜 줍니다.

85

가장 보편적인 질병은
자신이 무엇인지 모르는 것이다

홀로 제정신이기보다는 다른 사람들과 함께 미쳐 있음을
택하라. 홀로 제정신이라고 하는 건 어리석음이다. 대세
를 따르는 것이 중요하다. ··· "완벽하게 혼자 살고자 한다
면 신神이 되거나 짐승이 되어야 한다"라는 말이 있다. 이
말을 다음과 같이 고쳐서 이해하라. "홀로 어리석은 것보
다는 다수와 함께 제정신인 것이 낫다."

개인의 지혜와 사회의 통념 사이의 균형을 찾는 일은 중
요한 삶의 기술입니다. 벤자민 프랭클린은 이 균형의 모범
을 보여 준 인물입니다. 그는 번개를 이용한 피뢰침 발명, 우
편 제도 개선, 도서관 설립 같은 혁신적인 아이디어를 내면

서도, 대중이 수용할 수 있는 방식으로 그것을 제안하고 실행했습니다. '실험실 속 괴짜'가 아니라, 공동체와 소통하는 실용적 지혜인이었던 셈입니다.

공자는 "세 사람이 함께 걸으면, 반드시 내 스승이 있다"라고 말했습니다. 집단 속에도 배울 만한 지혜가 있다는 것을 인정하며 사회적 관계의 중요성을 일깨우는 말입니다. 이는 단순히 세상에 순응하라는 뜻은 아닙니다. 최소한 세상과의 화해를 이루면서도, 자신의 판단력을 잃지 말아야 한다는 의미입니다. "가장 보편적인 질병은 자신이 무엇인지 모르는 것이다"라는 말처럼 자기 인식의 중요성만큼이나, 사회적 맥락 속에서 자신을 이해할 수 있어야 합니다. 아무리 탁월한 개인의 독창성이라 할지라도 사회와의 조화를 무시해서는 안 됩니다.

그러나 여기서 놓쳐서는 안 될 또 하나의 균형이 있습니다. 바로 '집단의 흐름에 휩쓸리지 않는 독립적 사고'입니다. 역사 속의 진정한 혁신가들은 대부분 당대에는 미치광이로 취급받았습니다. 갈릴레이, 다윈 등이 그랬고, 이들은 집단의 통념에 맞서면서도 진실을 꿋꿋이 추구한 인물들입니다.

사회적 맥락을 이해한다는 것이 반드시 대세를 따르라는

의미는 아닙니다. 오히려 나치 독일처럼 다수가 광기에 휩싸였던 역사적 사례는 집단의 흐름이 언제든 위험할 수 있음을 경고합니다.

질투하는 사람이 받는 고통은
그 어떤 것보다 크다

경쟁자를 이기는 방법이 있다. 그들을 경멸하는 것? 아니다. 경쟁자를 칭찬하라. 용기 있는 행위다. … 질투하는 자는 한 번 죽지 않는다. 질투받는 자가 박수 받을 때마다 죽는다. 질투받는 자의 명성이 높아질수록 질투하는 사람의 고통은 더해만 간다. 질투받는 사람은 끝없는 명예 속에 살고, 질투하는 사람은 끝없는 고통 속에 산다.

미국의 35대 대통령 존 F. 케네디는 정치적 경쟁자들과의 관계에서도 우아함과 존중을 잃지 않았던 인물로 잘 알려져 있습니다. 그는 "두려움 때문에 협상하지 맙시다. 그렇다고 협상하는 것을 두려워하지도 맙시다"라고 말했습니다.

적대적인 상황에서도 대화와 이해를 추구하려는 그의 태도는, 단순한 이상주의가 아니라 전략적 지혜의 산물이었습니다.

우리는 종종 '적과의 동침'이라는 표현처럼, 뜻이 맞지 않는 사람과도 협력하거나 함께 일해야 하는 상황에 놓입니다. 이런 순간, "악기를 연주하는 건 쉬워도, 사람의 마음을 연주하는 건 어렵다"라는 어느 음악가의 말처럼, 상대를 억누르기보다는 이해하려는 겸손한 자세가 필요합니다. 인간관계는 단순한 기술이 아니라 공감과 배려, 섬세한 조율의 결과이기 때문입니다.

그렇다고 해서 모든 경쟁의 장에서 '이해'와 '공감'만을 앞세울 수는 없습니다. 스포츠나 비즈니스처럼 날카로운 승부가 요구되는 세계에서는 다릅니다. 예를 들어, 상대가 신들린 듯 골프 샷을 쏘아 올릴 때, "오늘 자세 정말 좋으시네요!"라는 짧은 한마디가 그의 집중을 무너뜨릴 수도 있습니다. 그 순간부터 상대는 자신의 자세를 의식하기 시작하고, 당신은 심리전의 우위를 점하게 됩니다.

경쟁에서 이긴다는 건 반드시 정면 승부만을 의미하지는 않습니다. 작은 말 한마디도 전술이 될 수 있습니다.

함부로 칭찬하지 마십시오. 진짜 경쟁자들은 경기장 안

에서 상대를 칭찬하지 않습니다. 축구 역사상 최고의 라이벌이었던 메시와 호날두, 농구의 신 조던과 역대 최고의 농구 선수 중 한 명으로 꼽히는 르브론은 서로의 기량을 존중했을지언정, 승부의 순간엔 어떤 감정도 개입시키지 않았습니다. 경쟁의 본질은 이기는 것입니다.

가식적인 관대함으로 상대의 기분을 맞추느라 자신의 날을 무디게 만드는 것이야말로 어리석은 일입니다. 진짜 승부에서는 솔직한 경쟁의식이 가장 건강한 태도입니다.

87

한 사람의 불행은
다른 사람의 행운이다

불운한 사람을 동정하다가 당신 역시 불운의 늪에 빠져선 안 된다. 한 사람의 불행은 다른 사람의 행운이다. 많은 사람이 불운하지 않고서는 그 누구도 행운을 얻을 수 없다. … 항상 운이 나쁜 사람과 어울리는 사람이 있다. 어제는 높이 날며 행복하게 살았겠으나 오늘은 곧 운이 나쁜 사람의 곁에 비참하게 서게 되리라.

타인의 불행은 때때로 우리에게 가장 좋은 인생의 선생님이 되어 주기도 합니다. 직접 겪지 않아도, 타인의 고통을 통해 우리는 인내, 용기, 그리고 결단력을 배우게 됩니다. 하지만 그렇다고 해서 그 불행에 휘말리거나 압도되어서는 곤란합니다.

진정한 공감은 단순히 함께 슬퍼하는 데서 끝나는 것이 아니라, 타인의 어려움을 보며 자신을 돌아보고 자신을 성장시키는 데에 있습니다. 예컨대 자선 활동에 적극적이면서도, 정작 자기 삶은 방치하거나 무기력한 상태에 머무르는 건 바람직하지 않습니다. 타인의 고통에 연민을 느끼는 것은 소중한 일이지만, 동시에 자신의 안녕을 지키고 자기 삶의 중심을 놓지 않는 것이 중요합니다.

이런 균형의 태도를 잘 보여 주는 인물들 중에 마더 테레사, 간디, 넬슨 만델라가 있습니다. 그들은 불운한 사람들과 함께하며 그 고통에 귀 기울였지만, 그로 인해 삶이 침몰하거나 무너진 것이 아니라 오히려 더 깊은 행복과 의미를 찾았습니다.

불운을 전염병처럼 피하지 마세요. 진짜 인간다움은 고통과 연민 속에서, 그리고 자기 자신을 지키면서도 타인을 돕고자 하는 의지 속에서 발견됩니다.

88

당신의 적을 친구로 만들면, 적을 없앤 것이다

전쟁터라고 할지라도 비열한 방법으로 승리해 봐야 돌아오는 건 영광이 아닌 불명예다. 승리보다는 명예가 먼저다. 명예를 지키는 사람은 결코 부정한 방법을 사용하지 않는다. … 명예를 지킬 줄 아는 사람에겐 극히 작은 비열함의 흔적도 혐오스러운 것이다. 고귀함과 비열함은 함께할 수 없다. 만약 세상에서 용기, 관대함 등의 덕목이 보기 힘들어졌다고 해도 다른 사람들이 그것들을 당신의 가슴에서 찾을 수 있어야 한다.

경쟁과 갈등의 상황에서도 윤리와 품격을 유지하는 것은 진정한 리더십의 표현입니다. 이 원칙을 실천한 대표적인 인물이 바로 에이브러햄 링컨입니다. 그는 미국 남북전쟁이라는 극심한 분열의 시기에도 적에 대한 자비와 화해의 정신을 잃지 않았습니다. 링컨은 이렇게 말했습니다.

"당신의 적을 친구로 만들면, 당신은 적을 없앤 것이다."

이 말은 갈등 속에서도 화해와 이해의 가능성을 열어 두는 고귀한 태도를 보여 줍니다. 반대로 친구를 적으로 돌리는 가장 쉬운 방법은 요청받지 않은 조언을 끊임없이 건네는 것입니다. 선의로 던진 말이 상대에게는 판단과 통제로 느껴져 관계가 깨질 수 있습니다.

진실과 사랑은 언제나 거짓과 증오를 이기는 법입니다. 단기적인 승리를 위해 윤리적 원칙을 저버리는 태도는 결국 자신을 해치는 길입니다. 아무리 어두운 밤이라도 별은 빛나게 마련입니다. 어렵고 혼란스러운 순간일수록 윤리적 기준을 지키는 것이 중요합니다. 그것이 바로 장기적인 신뢰와 존경을 얻는 길이며, 자신을 멋진 사람으로 남기는 기술이기도 합니다.

하지만 윤리와 품격을 지키는 것과, 현실 감각 없이 순진하게 행동하라는 말은 다릅니다. 우리가 진정 지향해야 할 것은 '고결한 패배자'가 아니라 '당당한 승리자'입니다. 갈등 상황에서는 때로 강한 전략이 필요합니다. 정면 돌파가

능사가 아닐 때도 있습니다. 단지 윤리라는 이름으로 비현실적 태도만을 고수하는 것은 오히려 자신을 무기력하게 만드는 일이 될 수 있습니다.

이쯤에서 조심해야 할 한 가지는, '비열함'이라는 단어의 정의가 때때로 우리의 주관적 기준에 좌우된다는 점입니다. 혹시 우리가 생각하는 '비열함'이란, 단지 자신이 잘하지 못하는 방식에 대한 비하일 뿐은 아닐까요? 누군가 다른 방식으로 성공했을 때 "분명 편법을 썼을 거야"라고 의심하는 것은 자신을 피해자로 만드는 위험한 태도입니다.

세상은 도덕 교과서처럼 흑백 논리로만 움직이지 않습니다. 때로는 강하게 밀어붙여야 하고, 때로는 전략적으로 우회할 필요도 있습니다. 중요한 것은 '수단'의 정교함이 아니라 '의도'의 진실함입니다.

89
진정한 전사는
싸움을 피하는 방법을 안다

잃을 게 없는 사람과는 절대 싸우지 말라. 싸우게 되면 불리해지는 사람은 오직 당신뿐이다. 상대방에게 싸움에 따르는 불안이란? 없다. 수치심? 그런 것도 없다. 그는 더 이상 잃을 것이 없기에 모든 종류의 무례함을 동원한다. … 명예를 쌓아 올린 사람에겐 잃을 게 많다. 다툼이 발생할 때 그는 시간을 두고 신중하게 생각하고, 필요하면 적시에 물러나면서 자신의 명예를 보호할 줄 안다. 승리에 연연하기보다는 승리 뒤에 따를 손실에 자신이 노출되지 않도록 조심할 줄 안다.

불필요한 갈등을 피하고 자신의 평판을 지키는 것은 성공적인 삶의 중요한 요소입니다. 싱가포르의 전 총리 리콴유는 국제 관계에서 신중하고 전략적인 접근을 통해 작은 도시국가인 싱가포르를 글로벌 강국으로 성장시켰습니다.

그는 불필요한 충돌을 피하면서도 국가의 이익을 지켜내는 전략적 접근의 중요성을 알고 있었던 것입니다. 마치 '현명한 경쟁의 기술'처럼, 싸움은 피하되 목적은 놓치지 않는 태도입니다. 진정한 전사戰士는 싸움의 기술보다 싸움을 피하는 지혜를 먼저 익히는 법입니다. 소중한 에너지를 불필요한 갈등에 낭비하지 않고, 장기적인 이익을 위해 신중하게 판단하는 자세가 필요합니다.

그러나 여기에는 중요한 전제가 있습니다. 바로 '무엇을 위한 갈등인가'에 대한 분별입니다. 불의 앞에서 침묵하거나 외면하는 것은 전략이 아니라 책임 회피입니다. 옳은 일을 위해 싸워야 할 때, 침묵은 곧 동조가 될 수 있습니다. 자존감은 타협으로 세워지는 것이 아니라, 신념을 지킬 때 비로소 다져지는 것입니다.

90

행복과 불행은 한 지붕 아래 산다

쓸모없을수록 오래 남는다. 가치가 없을수록 오래간다. 깨진 유리는 더 이상 부서지지 않는다. 오히려 부서지지 않아서 사람을 걱정시킬 뿐이다. 운명은 쓸모없는 자에 게는 긴 생명을, 중요한 자에게는 짧은 생명을 주어 세상 의 균형을 맞춘다.

삶의 모순과 역설을 이해하고 받아들이는 것은 깊은 통 찰의 시작입니다. 프랑스의 작가 알베르 카뮈는 인생의 부 조리함을 정면으로 응시하면서도, 그 안에서 의미를 만들 어 가야 한다고 말했습니다. "행복하다고 상상해야 한다"라 는 그의 말은 단순한 위로가 아닙니다. 부조리 속에서도 삶 을 긍정하려는 인간의 의지를 보여 주는 통찰입니다.

사실, 고통 없는 행복은 없습니다. 아니, 없다고 믿는 편이 옳습니다. 행복은 언제나 불행의 문턱에 기대어 서 있고, 불행은 행복의 발밑에 웅크리고 있는 법입니다. 지금 이 순간의 고통도 언젠가는 다가올 미래의 좋은 날들을 더 빛나게 만들어 줄 배경일지 모릅니다. 결국 오늘의 어려움은 내일의 안도감이 될 것입니다.

삶이 힘들게 느껴질 때는 이렇게 생각해 보세요.

"이 고통도 내가 더 나아지는 데 필요한 훈련이야. 아직도 내가 성장해야 한다는 신호야."

그렇게 받아들일 때, 고통은 쾌락으로 바뀌고, 괴로움은 성장의 자양분이 됩니다. 인생은 우리가 그것을 어떻게 해석하느냐에 따라 전혀 다른 색을 띠게 됩니다.

때때로 우리는 질문합니다. "왜 진짜 가치 있는 사람들은 일찍 떠나는 걸까?" 아마도 그들은 그만큼 치열하게 살았기 때문일 겁니다. 위험을 감수하고, 의미 있는 일에 자신의 모든 것을 걸었기에, 짧지만 강렬한 흔적을 남긴 것입니다. 반대로 이렇게 다짐하는 삶은 얼마나 허무할까요?

"나는 안전하게, 쓸모없이 살 거야."

하루하루를 무의미하게 버티며 살아가는 삶은, 안전할지는 몰라도 깊은 만족은 주지 못합니다.

차라리 아름다운 꽃병이 되어 잠시 빛을 내다가 깨지는 게 낫습니다. 진정한 삶이란, 단단히 쌓아 올린 안전함 속에 머무는 것이 아니라, 자신만의 이유로 흔들리고 부서지더라도 의미 있는 방향으로 나아가는 것이 아닐까요?

91
가장 개인적인 것이
가장 보편적인 것이다

호의를 베푸는 것이 불쾌감을 주는 경우가 있다. 상대방의 취향이 다양함을 고려하지 않았기 때문이다. 한 사람에게는 칭찬인 것이, 그에게는 도움인 것이 상대방에게는 모멸인 경우가 있다. 한 사람을 불쾌하게 만듦으로 인한 대가가 그를 기쁘게 하는 것보다 더 큰 경우가 많다. … 타인의 취향을 모르는 사람은 그를 기쁘게 하는 방법을 모른다. 많은 이들이 칭찬하려는 의도로 모욕을 주게 되고 그에 따라 큰 화를 입는 경우가 그런 것이다. 누군가는 그럴듯한 말투로 대화를 매력적으로 이끌려고 하는데 그 말을 듣는 상대방에겐 지루함뿐인 경우가 허다하다.

미국의 심리학자 칼 로저스는 '무조건적 긍정적 존중'이라는 개념을 통해, 타인을 있는 그대로 받아들이고 이해하려는 태도의 중요성을 강조했습니다. 그는 "가장 개인적인 것이 가장 보편적인 것이다"라고 말합니다. 이 말은, 각 개인의 고유한 경험과 감정을 이해하고 존중하는 것이야말로 진정한 인간 이해로 나아가는 길임을 시사합니다.

　우리는 말하는 것보다 듣는 것에 더 많은 관심을 가져야 합니다. 타인의 독특한 취향, 감정, 상황을 섣불리 판단하지 않고 그들의 관점에서 세상을 바라보려고 노력해야 합니다. 이를 위해선 적극적인 경청 능력과 자신의 선입견을 인식하는 성찰, 상황에 맞는 유연한 대응력이 필수적입니다.

　하지만 상대방을 존중하려는 마음이 때로는 지나치게 조심스러운 태도로 이어질 수 있습니다. 진심을 표현하기보다 오히려 억누르게 되는 것이죠. "혹시 부담스러워하지 않을까?" "이 말이 상처가 되지 않을까?" 하고 고민하다가 결국 아무 말도 하지 못하고 마음을 접게 될 때가 많습니다.

　만약 진심이라면 그냥 하세요. 칭찬하고 싶으면 칭찬하고, 도와주고 싶으면 도와주세요. 상대방이 어떻게 받아들일지 미리 계산하느라 진심을 억누르는 것은 오히려 가짜 배려일 수 있습니다. 그것은 타인의 감정을 지나치게 고려하는 척하면서, 사실은 나 자신의 진실된 감정과 욕구를 무시하는 행동이기도 합니다.

진정한 이해와 존중은 침묵이나 억제가 아니라, 마음에서 우러난 표현에서 시작됩니다. 타인을 이해하려는 노력과 동시에 나의 진심을 솔직하게 드러내는 용기, 그 둘이 균형을 이룰 때 우리는 더 깊고 건강한 관계를 맺을 수 있습니다.

92

의심하고, 질문하며, 숙고하라

당신의 생각에 절대 반박하지 않는 사람이 있다. 그를 절대 높게 평가해선 안 된다. 그는 당신을 높게 평가하는 게 아니라 그 자신을 사랑하고 있을 뿐이다. 그의 아첨에 속아 곤혹을 치르지 말라. 그의 아첨에 비난할 수 있어야 한다. 누군가에게 비난 받는 것을 환영하라.

독창적인 사고와 비판적인 시각은 혁신과 발전의 원동력입니다. 이와 관련한 대표적인 인물로는 갈릴레오 갈릴레이를 들 수 있습니다. 그는 당시 지배적인 우주관에 의문을 제기하며, 근대 과학의 기초를 마련했습니다.

갈릴레오는 의심하고, 질문하고, 숙고하는 것을 과학의 본질로 승화한 인물입니다. 기존의 견해를 무비판적으로 수용하지 않고, 끊임없이 질문을 던지는 그의 태도는 새로운 관점을 여는 문이 되었습니다. 고정된 생각에 얽매이지 않고 새로운 가능성을 개척해 나가며 진정한 혁신가의 모습을 보여 줬습니다.

현대 비즈니스 세계에서도 이러한 정신을 실천하는 인물을 찾을 수 있습니다. 테슬라의 CEO 일론 머스크는 기존 자동차 산업의 관행에 도전하며 전기차 혁명을 이끌었습니다. 사람들은 그의 사고방식이 급진적이라 말하지만, 그 근본에는 기존 질서에 대한 끊임없는 의문과 새로운 가능성에 대한 탐색이 자리하고 있습니다. 이는 데카르트가 말한 "나는 생각한다, 고로 존재한다"라는 말처럼, 독립적이고 비판적인 사고가 곧 존재와 성장의 기반임을 시사합니다.

이러한 사고의 뿌리는 의심에 있습니다. 데카르트는 "의심하고 또 의심하라. 더 이상 의심할 것이 없을 때까지 의심하라"라고 말했습니다. 이른바 '방법론적 회의주의'입니다. 모든 것을 의심하다 보면 결국 '의심하고 있다는 사실'만큼은 부정할 수 없다는 결론에 이릅니다. 이것이 바로 진리 탐구의 출발점이며, 회의하고 질문하는 태도는 단지 학문과 철학에만 국한되지 않습니다. 실천적인 삶의 태도로도 이어질 수 있습니다.

이쯤에서 우리는 중요한 질문을 던져야 합니다.

"나는 지금 어떤 질문을 던지고 있는가? 무엇인가에 도전하고, 새로운 시각으로 탐구하고 있는가? 아니면 안정감을 추구하며 무비판적 수용에 머물고 있는가?"

비난 받는 것을 두려워하지 않는 것도 이러한 사고의 연장선입니다. 물론 말처럼 쉽지 않습니다. 하지만 때로 비난은 성장의 신호일 수 있습니다. 아무 일도 하지 않으면 비난 받을 일도 없습니다. 그래서 오히려 누군가로부터 비난 받는다는 것은 '도전할 만한 가치 있는 일'을 하고 있다는 증거일 수 있습니다. 비난 받는 일이 줄어들었다면, 지금 내 삶에 도전이 부족한 건 아닌지 되돌아볼 필요가 있습니다.

93

가장 중요한 직업은
살아가는 것이다

조금만 더 알아라. 조금만 덜 살아라. 바쁘게 사는 것보다 편안하게 있는 것이 낫다. 시간 외에는 진정으로 우리에게 속한 것이 없다. 아무것도 없는 사람에게도 시간은 있는 것이다. 소중한 시간을 인간미라고는 없는 기계적인 일, 지나칠 정도로 과도한 일에 낭비한다면 불행하지 않은가.

지식의 추구와 삶의 경험 사이의 균형은 인생에서 매우 중요한 과제입니다. 공부와 배움은 삶을 깊이 있게 만들어 주지만, 그 지식이 현실의 경험과 맞닿아 있지 않다면 공허해질 수 있습니다. 배우기만 하고 생각하지 않으면 허무하고, 생각하되 실천이 따르지 않으면 아무것도 달라지지 않습니다. 진정한 앎은 머리에 머무르지 않고 삶 속에서 살아 움직여야 합니다.

한 혁신 기업이 기술 개발을 통해 세상에 긍정적인 변화를 일으키고자 합니다. 그러나 아무리 획기적인 기술이라도 실험실 안에서만 머무른다면, 그것은 단지 잠재력에 불과합니다. 기술은 세상 속에서 실현되고, 사람들과 연결될 때에야 비로소 진짜 가치를 발휘합니다. 이론과 실천, 지식과 경험이 유기적으로 연결되어야 하는 이유입니다.

미셸 드 몽테뉴는 "가장 위대한 것, 그리고 가장 중요한 직업은 살아가는 것이다"라고 말했습니다. 지식을 추구하는 일은 중요하지만, 그 지식이 삶의 질을 높이는 데 기여할 때 비로소 온전해집니다. 개인의 지적 성장과 일상의 풍요로움을 함께 추구할 때, 우리는 더 균형 잡히고 의미 있는 삶에 가까워질 수 있습니다.

영국의 철학자 프랜시스 베이컨은 "아는 것이 힘이다"라고 말했습니다. 오늘날의 복잡한 사회와 빠르게 변화하는 정보 환경 속에서, 지식은 단순한 축적이 아니라 세상을 해석하고 대응하는 '도구'입니다. 빅데이터 시대에 진정한 힘은 단순히 데이터에 접근하는 것이 아니라, 그것을 이해하고 판단하는 능력에 달려 있습니다. 아는 것이 없으면, 세상을 헤쳐 나갈 힘도 가질 수 없습니다.

그러나 지식을 아는 것으로만 끝내선 안 되고, 편안함에 머물러 있는 것도 안 됩니다. 세상의 모든 발전은 누군가가 '편안함'을 포기하고, 땀 흘려 실천한 결과로 이루어졌습니다. 철학적인 핑계를 대며 앉아 있기보다, 때로는 몸을 일으켜 한 발 내딛는 용기가 필요합니다. 게으름을 지혜로 포장하는 건 자기기만일 뿐입니다. 지식은 실천을 통해 빛납니다.

94
과도한 친절은 관계를 망친다

선행은 조금씩 그리고 자주 베풀어야 한다. 상대방이 감당할 수 없을 정도로 베풀지 말라. 많이 주는 사람은 주는 것이 아니라 파는 것이다. 감사할 수 있는 한계를 벗어나게 해선 안 된다. 선행을 받는 사람이 그에 보답할 수 없다고 판단하면 관계가 끊어질 수 있다. 과도한 호의는 관계를 망친다. … 선행의 수혜자는 자신의 은인을 항상 눈앞에 두고 싶어 하지 않는다. 과도하지 않으면서도 상대방이 원하는 것을 줘야 한다.

인간관계의 핵심은 주고받음의 균형에 있습니다. 그러나 이 균형을 유지하는 것은 생각보다 쉽지 않습니다. 노자는 "최고의 선은 물과 같다. 물은 만물을 이롭게 하지만 다투지 않는다"라고 말했습니다. 우리가 타인에게 베푸는 방식에 대해 깊은 통찰을 주는 말입니다.

우리는 종종 더 많이 주는 것이 더 좋은 관계를 만든다고 믿습니다. 하지만 과도한 친절은 오히려 부담될 수 있습니다. 마치 '빚을 진 듯한' 느낌을 받게 되면, 받는 사람은 관계에서 서서히 멀어지기도 합니다. 그래서 '조금씩, 자주' 베푸는 지혜가 필요합니다. 일상 속의 작은 배려가 더 깊은 인상을 남기기 때문입니다.

이런 맥락에서 마키아벨리는 《군주론》에서 이렇게 말했습니다.

"시혜를 베풀 때는 조금씩 나눠서 하고, 해악을 가할 때는 단번에 해치워라."

칭찬이나 호의는 나누어 베풀고, 질책은 필요한 순간에 단호하게 하는 것이 효과적이라는 뜻입니다. 예를 들어, 연초에 세뱃돈을 크게 한 번에 주는 할아버지보다, 매번 만날 때마다 조금씩 용돈을 주는 할아버지가 손주와 더 자주 얼굴을 보게 되는 것과 같은 원리입니다. 인간관계도 마찬가지입니다. 계속 기억에 남는 관계는 작은 정성을 지속해서 표현하는 데서 시작됩니다.

'상대가 부담스러울까 봐' 주기를 망설이는 것은 핑계일 수 있습니다. 마음이 있다면 일단 표현하세요. 그 진심을 어떻게 받아들일지는 받는 사람의 몫입니다. 진짜 고마운 사람은 많이 받아도 진심으로 감사할 줄 압니다. 반면, 머릿속으로 계산기를 두드리며 주는 친절은 거래일 뿐, 진짜 호의가 아닙니다.

결국, 작은 친절이 세상을 바꿉니다. 베푸는 건 거창하지 않아도 됩니다. 부담 없는 마음으로, 진심을 담아 '조금씩 자주' 건네는 친절이야말로 관계를 오래가게 만드는 힘입니다.

95
열 명의 친구가 나를 도와도
한 명의 적을 이길 수 없다

친구 사이를 함부로 끝장내지 말라. 친구라면 만만한 사람도 적이 되면 잔혹해진다. 우리에게 이로운 일을 할 수 있는 사람은 적다. 하지만 해를 끼칠 사람은 많다. … 끝장난 친구는 당신에게 최악의 적이 된다. 그는 자신의 결점을 당신의 잘못으로 덮을 것이다. 그러니 파국이 불가피하다면, 분노의 폭발보다는 차라리 우정의 느슨해짐으로 변명하라. 이것이 친구 사이에 있어서의 적절한 후퇴 전략이다.

인간관계에서 갈등은 피할 수 없는 현실입니다. 그러나 갈등을 어떻게 다루느냐에 따라 우리의 삶의 질은 크게 달라질 수 있습니다. 간디는 '비폭력' 사상을 통해 적이란 물리치는 것이 아니라 상호 이해와 사랑을 통해 갈등을 해결하는 대상임을 주장했습니다. 이는 관계의 본질적 가치와 갈등 해결의 지혜를 보여 줍니다.

우리는 갈등 상황에서 즉각적인 반응을 보이기 쉽습니다. 하지만 그런 반응이 사태를 나아지게 한 적이 있었을까요? 대부분은 상황을 더 악화시켰을 뿐입니다. 손무는 "최고의 승리는 싸우지 않고 이기는 것이다"라고 했습니다. 갈등을 피하거나 무조건 참는 것이 능사는 아닙니다. 중요한 것은 갈등을 지혜롭게 관리하고, 필요할 때는 충돌을 통해 더 깊은 이해에 도달하는 것입니다.

기존의 관계를 유지하는 것은 새로운 관계를 만드는 것보다 더 큰 가치가 있습니다. 친구가 적이 되면, 그들은 우리의 약점을 가장 잘 아는 사람이 됩니다. 관계가 틀어졌다고 해서 곧바로 등을 돌리는 것은 현명한 선택이 아닙니다. 감정을 조절하고, 상대방의 입장을 이해하려는 노력이 필요한 이유입니다.

"열 명의 친구가 나를 도와도 한 명의 적을 이길 수 없다"라고 합니다. 갈등은 단순히 개인 감정의 충돌로 끝나지 않고, 때론 오랜 시간에 걸쳐 우리를 무너뜨릴 수 있는 씨앗이 되기도 합니다. 그래서 감정적인 대응보다는 관계를 지키기 위한 현명한 선택이 필요합니다.

진짜 친구라면 싸워도 친구이고, 헤어져도 원수가 되지 않습니다. 싸웠다고 해서 원수가 되었다면, 그 관계는 처음부터 진정한 우정이 아니었을지도 모릅니다. 필요하다면 다툼도 필요합니다. 흔히 "싸우면서 큰다"라는 말은 아이들에게만 해당되는 것이 아닙니다. 어른도 마찬가지입니다. 충돌을 통해 서로의 차이를 이해하고, 성장할 수 있습니다. 중요한 것은 갈등 자체가 아니라, 그 갈등을 통해 어떤 관계로 나아가는가입니다.

96

혼자서는 작은 일도 어렵다

당신의 고민을 나눌 누군가가 있어야 한다. 그래야 위험 속에서도 당신은 결코 완전히 혼자가 되지 않을 것이며, 누군가로부터 받는 미움의 모든 짐을 짊어지지도 않을 것이다. 어떤 사람들은 자신의 높은 지위로 성공에 따른 모든 영광을 차지할 수 있다고 생각하다가 결국 패배의 모든 굴욕을 고스란히 안고 만다. … 현명한 의사는 환자를 치료하다가 잘못됐을 때 도와줄 만한 누군가를 준비해 둔다. 무거운 짐과 깊은 슬픔은 나누는 것이다. 불행은 홀로 선 자에게 두 배로 무겁게 다가온다.

인생의 여정에서 우리는 크고 작은 고난과 마주하게 됩니다. 이때 가장 중요한 것은 우리가 혼자가 아니라는 사실을 기억하는 것입니다. 헬렌 켈러는 "혼자서는 할 수 없지만, 함께라면 많은 것을 할 수 있다"라고 말했습니다. 고난을 함께 나누는 이유는 단순히 부담을 덜기 위해서가 아니라, 지지와 공감 속에서 더 나은 해결책과 새로운 관점을 얻을 수 있기 때문입니다.

우리는 쉽게 성공을 나누지만, 실패는 혼자 감당하려는 경향이 있습니다. 그러나 이는 현명한 접근이 아닙니다. 지속 가능한 성장과 진정한 행복은 협력과 나눔 속에서 비롯됩니다. 고민을 나눈다는 것은 단순한 하소연이 아니라, 더 나은 길을 함께 모색할 수 있는 시작이 됩니다.

"병은 자랑하라"라는 말이 있습니다. 자신의 약점을 드러낼 때 비로소 타인의 도움을 받을 수 있기 때문입니다. 우리는 누군가의 고민을 들어주는 데는 익숙하지만, 정작 자신의 고통은 숨기려 합니다. 그러나 진짜 용기는 타인의 도움이 필요하다고 인정하고 요청하는 것입니다. 나를 돕는 기회를 타인에게 주는 것 또한 관계의 지혜입니다.

때로는 혼자일 수밖에 없는 순간도 있습니다. 반드시 누군가가 곁에 있어야만 견딜 수 있는 것은 아닙니다. 이제는 스마트폰 하나로 세상과 연결되는 시대입니다. 혼자임을 두려워하지 마세요. 진짜 강한 사람은 고독 속에서도 자신을 지키고 성장할 수 있습니다.

실패의 책임도, 성공의 영광도 결국은 스스로 감당해야 할 몫입니다. 남에게 지나치게 의존하는 순간, 우리는 삶의 주도권을 놓치게 됩니다. 중요한 건 도움을 받을 줄 아는 유연함과, 혼자서도 버틸 수 있는 단단함을 동시에 갖추는 것입니다.

97
불가능은 그것을 해내기 전까지만
불가능한 것이다

아랫사람에게 어려운 과제를 부여하라. 사람들은 어려움에 직면했을 때 자기의 능력을 증명한다. 물에 빠져 죽을까 하는 두려움이 수영선수를 만드는 것이다. 많은 사람이 이렇게 자신의 용기, 지식, 또는 재능을 발견했다. 어려움에서 스스로 헤쳐 나오는 기회가 없었다면 그들의 능력은 영원히 묻혀 있었을 것이다. 위험은 자신의 이름을 알릴 기회다.

인생에서 가장 큰 성장은 도전 속에서 일어난다고들 합니다. 넬슨 만델라는 "불가능해 보이는 일은 그것을 해낸 사람이 나타나기 전까지만 불가능한 것"이라고 말했습니다.

이 말은 우리 안에 잠재된 능력이 적절한 도전을 통해 발현될 수 있음을 시사합니다.

물론 대부분 사람은 도전보다는 편안함을 추구합니다. 저도 마찬가지입니다. 서면 앉고 싶고, 앉으면 눕고 싶은 마음이 드는 게 인간의 본성일지 모릅니다. 그러나 성장은 고난 속에서 이루어집니다. 노자는 "물은 부드럽고 유연하지만, 바위를 뚫는다"라고 말했습니다. 이처럼 바위 같은 장애물을 마주할 때도 지속적인 노력과 유연한 자세가 결국 큰 변화를 만들어 냅니다.

특히 리더는 도전의 의미를 누구보다 잘 아는 사람들입니다. 리더란 단지 지시하는 사람이 아니라, 보통의 사람들이 뛰어난 일을 해낼 수 있도록 영감을 줘야 합니다. 도전은 평범한 사람들을 비범한 존재로 바꿔 놓을 수 있습니다. 하지만 중요한 점은, 도전이 단순히 어려운 일을 부여하는 그 이상이어야 한다는 것입니다. 그것은 의미 있는 방향성과 함께, 실패도 허용하는 여정이어야 합니다.

문제가 발생했을 때의 태도에서도 우리는 사람의 성장을 가늠할 수 있습니다. 어떤 사람은 "아, 귀찮게 됐네. 또 삽질하게 생겼군요" 하고 불평합니다. 반면 어떤 사람은 "기존 방식은 이제 더 이상 통하지 않는구나. 새로운 길을 시험해 볼 수 있는 기회가 생겼다"라고 말하며 눈빛을 반짝입니다. 이 작은 차이가 결국 큰 차이를 만듭니다. 성장은 어려움을 대하는 태도에서 비롯됩니다.

그렇다고 모든 도전이 곧바로 성장으로 이어진다고 말할 수는 없습니다. 넬슨 만델라의 삶을 보더라도 그렇습니다. 그는 감옥에서 27년이라는 긴 시간을 보냈습니다. 그 시간이 그에게 무조건 성장의 기회였다고 말할 수 있을까요? 아닙니다. 그것은 분명 억울하고 고통스러운 시간일 수밖에 없었습니다. 그는 그 고통을 딛고 위대해졌습니다. 그러나 그 고통 덕분에 위대해진 것은 아닙니다.

도전과 고난을 지나친 낙관으로만 포장해서는 안 됩니다. 우리는 도전을 통해 성장할 수 있지만, 동시에 그 과정에서 무너진 수많은 이들의 이야기도 함께 기억해야 합니다. 도전은 기회일 수 있지만, 여전히 위험합니다. 그 위험을 부정하거나 미화하는 대신, 있는 그대로 인식하고 감당할 수 있는 용기와 지혜가 필요합니다.

98

내면의 품격과 타인을 향한 존중에서
우아함이 나온다

'우아한 사람'이라는 평판을 얻어야 한다. 우아함이란 강한 자만이 갖는 영광스러운 호칭이다. 우아함을 통해 대중의 호의를 얻을 수 있는 건 왕의 특권과도 같다. 누군가를 통치한다는 건 그 누군가를 향해 더 많은 선善을 행할 수 있다는 것이다.

리더십의 본질을 힘과 권위로 여기는 경우가 많습니다. 하지만 진정한 영향력은 우아함과 자혜로움에서 시작됩니다. 노자는 "최고의 통치자는 백성이 그의 존재를 거의 알아차리지 못한다"라고 말했습니다. 진정한 리더십은 강압이 아닌 자연스러운 영향력에서 비롯된다는 것입니다.

우아함은 단순히 겉모습의 문제가 아닙니다. 내면의 품격과 타인에 대한 존중에서 비롯되는 것이 우아함입니다. "싸움에서 이기는 방법은 예의 바르게 행동하는 것"이라는 말도 있지 않습니까. 우아함은 개인의 미덕을 넘어 실질적인 영향력의 도구가 됩니다.

훌륭한 리더는 표면적으로 드러나지 않으면서도 모든 이에게 자연스럽게 받아들여지는 법입니다. 하지만 오늘날의 현실은 그렇지 못한 경우가 많습니다. 권력과 지위를 앞세워 군림하는 이들이 더 많은 영향력을 행사하곤 하니까요. 강자의 논리가 지배하는 세상에서, 겸손과 배려의 미덕이 설 자리를 잃어 가는 점이 아쉽습니다.

그러나 진정한 왕의 기질은 시간이 증명해 줍니다. 일시적인 권력보다는 지속적인 영향력을, 강압보다는 감화를, 두려움보다는 존경을 얻는 것이 진정한 리더의 모습입니다. 우아함은 이 모든 것을 가능하게 하는 핵심 자질입니다.

99

두려움은 사랑보다 통제력이 강하다

사랑과 존경을 한 번에 받는 건 극히 이루기 어려운 행운이다. 존경받고자 한다면 좋아하는 척하지 않는 게 좋다. … 사랑받는 것을 목표로 삼지 말아야 한다. 사랑은 사랑을 주는 사람에게 인간적으로 가깝다는 자신감을 불러일으키고, 더 진행될수록 존경과는 거리를 멀어지게 한다. 오직 열정 가득한 사랑보다는 존경과 함께하는 사랑을 선호하라. 이것이 제대로 된 사랑이다.

인간관계의 복잡성은 우리에게 끊임없는 도전을 제공합니다. 사랑과 존경, 이 두 가지 감정을 동시에 얻는 것은 마치 줄타기하듯 섬세한 균형 감각을 필요로 합니다. 아리스토텔레스는 "덕은 중용에 있다"라고 말했습니다. 이는 인간관계에서도 극단을 피하고 균형을 추구해야 함을 시사합니다.

사랑과 존경은 때로 상충하는 감정처럼 보입니다. 사랑은 깊은 유대감을 형성하지만, 지나치면 객관성을 잃고 판단이 흐려질 수 있습니다. 반면, 존경은 상대의 가치를 인정하게 하지만, 때로는 관계에 거리감이나 위압감을 만들어 냅니다. 그렇기에 우리는 둘 사이에서 적절한 조화를 찾아야 합니다.

마키아벨리는 한 걸음 더 나아가 "사랑받기보다는 두려움의 대상이 되어라!"라고 말했습니다. 그의 주장은 인간 본성의 비합리성과 권력의 불안정을 반영한 현실주의에 기반한 것입니다. 우리가 누군가를 사랑한다고 해서 반드시 그 사람도 우리를 사랑하지는 않습니다. 그래서 세상에는 짝사랑이 존재합니다. 마키아벨리는 두려움이 사랑보다 통제력이 강하다는 점에 주목했고, 권력을 유지하는 입장에서는 사랑보다는 두려움을 유발하는 것이 더 효과적일 수 있다고 보았습니다.

그러나 이런 관점은 지나치게 냉소적입니다. 인간관계는 단순한 전략이나 권력 게임이 아닙니다. 사람들이 진정으로 그리워하는 것은 완벽한 지도자도, 위대한 리더도 아닙니다. 그들이 바라는 것은 따뜻한 인간, 실수하고 웃고 울며 자신을 진심으로 사랑할 줄 아는 사람입니다. 존경이라는 차가운 성에 갇혀 고립되기보다는, 사랑하고 사랑받는 따뜻한 삶을 선택하는 것이 더 행복한 방향일지도 모릅니다.

100

덕으로 빛나는 삶을 사는 방법

한마디로, 성인聖人이 되어라. 이것이 말하고 싶은 결론이다. 덕德은 모든 완벽함의 연결고리이며, 모든 행복의 중심이다. 덕은 사람을 신중하고, 분별 있고, 현명하고, 조심스럽고, 슬기롭고, 용감하고, 사려 깊고, 신뢰할 만하고, 행복하고, 존경받고, 진실하며, 보편적인 영웅으로 만든다. 세 가지 H, 건강Health, 신성함Holiness, 그리고 지성 Headpiece이 사람을 행복하게 만든다. 덕은 인간이라는 소우주의 태양과도 같아서 선한 양심을 지킨다. 덕은 너무나 아름다워서 신과 인간 모두의 호의를 얻는다. 덕 외에는 사랑스러운 것이 없고, 악덕 외에는 혐오스러운 것이 없다. 오직 덕만이 진지하고, 나머지는 모두 농담에 불과하다. 사람의 능력과 위대함은 그의 재산이 아닌 덕으로 측정되어야 한다. 오직 덕만이 모든 것을 충족시킨다. 덕이 있는 사람은 살아 있을 때 사랑받고, 죽은 후에 기억된다.

인류 역사상 가장 위대한 사상가들은 공통으로 '덕'의 중요성을 강조해 왔습니다. 공자는 "덕불고필유린德不孤必有隣"이라 하여, 덕이 있는 사람은 외롭지 않다고 말했습니다. 이는 덕을 지닌 사람이 자연스럽게 타인의 신뢰와 사랑을 얻게 된다는 뜻입니다. 덕이 빠진 말과 행동은 일시적인 이익을 가져올 수는 있어도, 결국 우리의 삶과 관계를 풍요롭게 만들지 못합니다.

덕은 단순히 도덕적 규범을 따르는 것을 넘어섭니다. 아리스토텔레스는 "우리는 행동함으로써 그렇게 된다"라는 주장을 펼쳤습니다. 이는 덕이 이론이나 지식이 아니라, 반복되는 실천을 통해 형성된다는 뜻입니다. 우리가 매일 하는 선택과 행동들이 모여 결국 우리의 인격을 결정짓습니다. 결국 덕이란 일관된 태도와 꾸준한 실천의 결과로서 자리 잡는 삶의 품격이라 할 수 있습니다.

현대 사회는 성공을 재산, 명예, 권력 같은 외적 기준으로 판단하는 경향이 있습니다. 그러나 세상에는 우리를 만족시킬 만큼 충분한 것이 있을지 몰라도, 모든 사람의 탐욕을 채울 만큼 충분한 것은 없습니다. 외적 성공만큼이나 내면의 풍요, 즉 덕을 갖춘 삶에 관심을 기울여야 하는 이유입니다.

덕의 핵심은 좋은 마음을 행동으로 옮기는 힘에 있습니다. 고대 그리스어 '아레테arete'는 '탁월함' 또는 '힘'을 뜻합니다. 이 힘이 올바른 방향으로 사용될 때, 즉 남을 위한 배려와 정의로운 행동으로 실현될 때, 그것은 곧 '덕'이 됩니다. 다시 말해, 덕은 나의 선의가 반복된 실천을 통해 습관이 될 때 비로소 완성됩니다.

이처럼 덕을 의식하고 살아가는 삶은 결코 억압적인 것이 아닙니다. 덕이 일종의 감옥처럼 느껴질 수도 있지만, 그것은 스스로 선택한 자유이자 자기 성찰의 기회입니다. 덕을 지키기 위해 자신에게 엄격해지는 순간, 우리는 이미 가장 의로운 사람이 되어 있는지도 모릅니다. 그 과정에서 우리는 더욱 자유로워지고, 타인과의 관계 속에서도 진정한 신뢰를 쌓아 갑니다.

마틴 루터 킹은 "어둠은 어둠을 몰아낼 수 없다. 오직 빛만이 그렇게 할 수 있다. 증오는 증오를 몰아낼 수 없다. 오직 사랑만이 그렇게 할 수 있다"라고 말했습니다. 덕을 지닌 사람은 빛처럼 존재하여, 세상을 더 나은 방향으로 이끄는 역할을 하게 됩니다.

덕으로 빛나는 삶은 단지 나를 위한 것이 아닙니다. 그것은 내가 살아 있는 동안 사랑받게 하고, 떠난 후에도 오랫동

안 기억되게 하는 삶의 유산입니다. 우리 각자가 덕의 길을 걷는다면, 우리는 더 나은 개인이 되고, 더 나은 사회, 더 나은 세상을 함께 만들어 갈 수 있습니다.

우리를 불행하게 만드는 것은
일어나는 일이 아니라
일어나리라 기대했던 일이다.

기대하지 않으면
인생이 쉬워진다

발타자르 그라시안의 세상을 사는 400년 지혜

초판 1쇄 인쇄 2025년 9월 5일
초판 1쇄 발행 2025년 9월 20일

원저 발타자르 그라시안
지은이 김형철 김범준
펴낸이 배민수 이진영
기획·편집 셀리&밀리
디자인 스튜디오 허브
마케팅 태리
펴낸곳 (주)테라코타 **출판등록** 2023년 1월 13일 제2024-000080호
주소 서울시 용산구 원효로 128 e-테크벨리오피스텔 907호
메일 terracotta_book@naver.com
인스타그램 @terracotta_book

ⓒ 김형철 김범준, 2025
ISBN 979-11-93540-37-4 03190

* 이 책의 전부 또는 일부 내용을 재사용하려면 반드시 사전에 저작권자와
  (주)테라코타의 동의를 받아야 합니다.
* 인쇄·제작 및 유통상의 파본 도서는 구입하신 서점에서 바꿔드립니다.
* 책값은 뒤표지에 있습니다.